新时期小学科学教学探究

◎ 刘云　著

湘潭大学出版社

图书在版编目（CIP）数据

新时期小学科学教学探究 / 刘云著. -- 湘潭 : 湘潭大学出版社, 2022.12
ISBN 978-7-5687-0969-9

Ⅰ. ①新… Ⅱ. ①刘… Ⅲ. ①科学知识—教学研究—小学 Ⅳ. ①G623.62

中国版本图书馆 CIP 数据核字（2022）第 239273 号

新时期小学科学教学探究

XINSHIQI XIAOXUE KEXUE JIAOXUE TANJIU

刘云 著

责任编辑： 刘文情
封面设计： 张 波
出版发行： 湘潭大学出版社
社　　址： 湖南省湘潭大学工程训练大楼
电　　话： 0731-58298960 0731-58298966（传真）
邮　　编： 411105
网　　址： http://press.xtu.edu.cn/
印　　刷： 长沙创峰印务有限公司
经　　销： 湖南省新华书店
开　　本： 710 mm×1000 mm 1/16
印　　张： 13.25
字　　数： 206 千字
版　　次： 2022 年 12 月第 1 版
印　　次： 2022 年 12 月第 1 次印刷
书　　号： ISBN 978-7-5687-0969-9
定　　价： 50.00 元

前　言

小学科学课程是以培养科学素养为宗旨的科学启蒙课程。科学素养的形成是长期的，早期的科学教育将对一个人科学素养的形成具有决定性的作用。对小学科学教师来说，教学应按照《全日制义务教育科学课程标准》的要求进行，但同时又不能拘泥于某些具体的方法或模式。这就好比棋手对弈，必须按照比赛的规则与要求，而在具体行棋中，棋手可以根据自己的技术特长和对手的特点安排不同的策略和方法，以达到取胜的目的；又如同乐队演奏，演奏者既要遵照曲谱，听从指挥，又可以在演奏中发挥自己的才华，使乐曲更加富有激情，具有感染力。我们的小学科学教学也是如此，教师既要以课程标准的要求和原则为依据实施课堂教学，又可以在教学中发挥自己的特长，展现自己的创造力和智慧，培养学生的科学素养。

新课程标准提倡学生在“做中学”，在科学实验和科学活动的过程中理解科学的本质，构建自己关于自然界如何运行的认识。为此，科学探究的能力和解决问题的能力将成为教学的重要目标，考试评价将改变原来只注重考查学生知识的倾向，将更加突出考查学生科学探究能力和解决问题的能力。然而，能力的培养不可能一蹴而就，需要在日常的学习过程中有意识地进行训练和培养。

结合当前小学生科学课堂教学现状，给出三点建议：一是课堂习得重探究。重视培养学生的科学态度和科学探究能力，让学生充分利用课堂习得智慧，获得探究活动的经验。二是师资培训提素养。提高小学教师探究式教学的素养以及学科专业素质，加强教师的职业培训。三是教学评价分层次。课堂教学评价应具备多层次的评价指标。鼓励学生自主学习、自主评价，生生互评。从多维度掌握学生当前的学习状况，对学生现阶段的学习进行有针对性的指导。

目　录

第一章　小学科学教学的理论基础

第一节　构建主义理论与小学科学教育

一、建构主义理论概述

建构主义，其最早提出者可追溯至瑞士的皮亚杰（J. Piaget），他是认知发展领域最有影响力的一位心理学家，他所创立的关于儿童认知发展的学派被人们称为日内瓦学派。皮亚杰关于建构主义的基本观点是，儿童是在与周围环境相互作用的过程中，逐步建构起关于外部世界的认知，从而使自身认知结构得到发展的。

建构主义有四个基本概念，即图式、同化、顺应、平衡。图式是指个体对世界知觉的理解和思考的方式，是心理活动的框架或组织结构。图式是认知结构的起点和核心，图式的形成和变化是认知发展的实质，认知发展受同化、顺化和平衡的影响。同化是指个体在感受刺激时，把它们纳入头脑中原有的图式之内，使其成为自身的一部分。顺应是指学习者调节自己的内部结构以适应特定刺激情境的过程。当学习者遇到不能用原有图式来同化新的刺激时，便要对原有图式加以修改或重建，以适应环境。平衡是指学习者个体通过教师调节机制使认知发展从一个平衡状态向另一个平衡状态过渡的过程。建构主义理论的内容很丰富，但其核心用一句话就可以概括：以学生为中心，强调学生对知识的主动探索、主动发现和对所学知识意义的主动建构。

二、建构主义学习理论

建构主义学习理论的基本内容可从“学习的含义”和“学习的方法”两个方面进行阐述。

（一）关于“学习的含义”

建构主义学习理论认为，学习者（学生）所收获的知识不是通过教师传授得到的，而是学习者在一定的学习情境和获取知识的过程中，借助教师和学习伙伴的帮助，利用必要的学习资源，通过自我和合作搭建的方式而获得的。[①] 由于学习是在一定的情境即社会文化背景下，借助其他人的帮助即通过人际间的协作活动而实现的意义建构过程，因此建构主义学习理论认为“情境”“协作”“会话”“意义建构”是学习环境中的四大要素或四大属性。

1. “情境”

“情境”即学生进行学习的环境和氛围，学生所处的学习情境必须有利于其对所学内容的意义建构。这就要求教师在教学设计时不仅要考虑教学目标分析，还要考虑学情分析（教学资源分析、学习内容分析、学生情况分析），同时也要考虑有利于学生建构意义的情境创设问题，并把情境创设看作是教学设计的最重要内容之一。

2. “协作”

“协作”是同学之间、师生之间的合作，这种合作发生在学习过程的全程。协作对学习资料的搜集与分析、假设的提出与验证、学习成果的评价直至学生知识、科学过程技能和情感态度价值观结构的搭建均有重要作用。

---

① ［美］莱斯利·P. 斯特弗，杰里·盖尔：《教育中的建构主义》，高文，徐斌艳，程可拉等译，华东师范大学出版社 2022 年版。

3. “会话”

“会话”是学生在学习过程中的交流和沟通，是协作过程中不可或缺的环节。合作的同学之间必须通过会话，商讨如何完成规定的学习任务，在探究学习过程中遇到问题如何处理，对于同学之间的评价、教师的评价如何应对等。此外，协作学习过程也是会话过程，在协作中，个体和群体学习成果通过会话实现共享，因此会话成为达到意义建构的重要手段。

4. “意义建构”

“意义建构”是整个学习过程的最终目标，是学生在知识方面、科学过程技能和方法方面以及情感态度和价值观方面最终要达到的目标。在学习过程中，帮助学生建构的意义就是要帮助学生对当前学习内容所反映的事物的性质、规律以及该事物与其他事物之间的内在联系达到较为深刻的理解。这种理解在大脑中的长期存储形式就是“图式”，也就是关于当前所学内容的认知结构，换一个角度理解就是，学生通过科学学习活动在自己头脑中形成的文字、情境、思维等方面的影像。

（二）关于“学习的方法”

建构主义所提倡的是既强调学习者是学习内容信息加工的主体，又不忽视教师在学生学习过程中的指导作用，教师是学生知识、能力和技能以及情感、态度价值观方面建构的设计者、组织者、帮助者和促进者，而不是知识的传授者与灌输者，这是一种体现新课程理念的教师角色的定位。学生是自身知识、能力和情感、态度价值观结构的主动建构者，而不是外部刺激的被动接受者和被灌输的对象。因此，要求学生在学习过程中从以下几个方面发挥主体作用：

（1）要用探索法、发现法去建构自身知识、能力和情感、态度价值观结构。

（2）在自身知识、能力和情感、态度价值观建构的过程中，要求学生主动去搜集并分析有关的信息和资料，对所学习的问题要提出各种假设并努力加以验证。

（3）要把当前学习内容所反映的事物尽量和自己已经知道的事物相联系，并对这种联系加以认真思考。“联系”与“思考”是自身知识、能力和情感、态度价值观结构建构的关键。如果能把联系与思考的过程与协作学习中的协商过程结合起来，则学生建构自身知识、能力和情感、态度价值观结构的效率会更高，质量会更好。协商有“自教师协商”（即指自己和自己争辩什么是正确的）与“相互协商”（即指学习小组内部相互之间的讨论与辩论）。

教师要成为学生建构自身知识、能力和情感、态度价值观结构的帮助者，就要求教师在教学过程中从以下几个方面发挥指导作用：

（1）激发学生的学习兴趣，帮助学生形成正确的学习动机。

（2）通过创设符合教学内容要求的情境和提示新旧知识、能力和情感、态度价值观结构之间联系的线索，帮助学生建构当前所学习的内容的结构。

（3）为了使学生自身知识、能力和情感、态度价值观结构的建构更有效，教师应在可能的条件下组织讨论与交流，并对协作学习过程进行引导，使之朝有利于学生自身知识、能力和情感、态度价值观结构的建构方向发展。引导的方法包括：提出适当的问题以引起学生的思考和讨论；在讨论中设法把问题一步步引向深处以加深学生对所学内容的理解；要启发诱导学生自己去发现规律、纠正和补充错误的或片面的认识。

三、建构主义的教学思想

建构主义所蕴含的教学思想主要反映在知识观、学习观、学生观、师生角色的定位、学习环境和教学原则 6 个方面。

（一）建构主义的知识观

（1）知识不是对客观现实的纯粹反映，任何一种再现知识的符号系统也不是对客观事实绝对真实的表征，它只不过是人们根据自身的理解对客观世界的一种解释、假设或假说，也不是问题的最终答案，人们认识客观事物是随着手段和方式的进步而不断发展的，因而，人们对事物客观反映必将随着人们认识程度的深入而不断地变革、升华和改写，出现新的解释和假设，这也是科学不断发展，对一些客观事物的描述在不断变化的原因。

（2）知识并不能绝对准确概括客观物质世界的本来面目，也不能提供对任何活动或问题解决都实用的方法。在解决具体问题中，是需要知识的使用者针对具体问题的情况对原有知识进行再加工和再创造的。

（3）知识不可能以实体的形式存在于个体之外，知识不可能像人们看到和可以触摸到的一些客观事物一样实实在在，不富于变化。尽管人们通过语言赋予了知识一定的外在形式和表现力，并且获得了较为普遍的认同，但是不同的人对同样的知识可以有不同程度的理解。真正的理解只能是由学习者自身基于自己的经验背景而建构起来的，取决于特定情况下的学习活动的过程。否则，就不叫理解，而叫死记硬背，是被动的复制式的学习。

（二）建构主义的学习观

（1）学习不是由教师把知识、科学技能和情感态度价值观简单地传递给学生，而是由学生自己在一定的学习情境中重新建构的具有自身特征的一个过程。学生不是简单被动地接收信息，而是主动地建构自身知识、能力和情感、态度价值观的结构，这种建构是无法由他人代替的。

（2）学习应该是根据自己的生活经验和知识、能力背景，对外部信息进行主动选择、加工和处理，从而更加丰富和完善自身知识、能力和情感、态度价值观结构的过程和结果。外部信息如果没有通过学习者自身内部起变化，对学习者来说是没有意义的，外部信息存在的意义就在于，学习者通过新旧知识、经验、技能和情感间反复的、双向的相互作用而建构成新的结构。

（3）学习意义的获得，是每个学习者以自己原有的知识、经验技能和情感为基础，对新信息重新认识和编码，建构自己的结构。在这一过程中，学习者原有的知识经验因为新知识经验的进入而发生调整和改变。

（4）同化和顺应，是学习者认知结构发生变化的两种途径或方式。同化是认知结构的量变，而顺应则是认知结构的质变，同化过程是学习者认知结构中各相关元素量的积累过程，顺应则是学习者的认知结构中相关元素发生质的变化的过程。同化——顺应——同化——顺应，循环往复，平衡——不平衡——平衡——不平衡，相互交替，人的认知水平的发展就是这样的一个过程。

（三）建构主义的学生观

（1）建构主义认为，学习者对所有的学习内容都有一些原始的认知，学生进入学习状态时并不是大脑空白的。学生的原有认知可能是正面的，也可能是反面的，还有可能是中立的。学生之所以面对一些新的学习内容时面面相觑、无所适从，就是因为这些原有认知没有被有效挖掘。他们已经在日常生活和以往的学习中形成了有关的知识经验，对任何事情都有自己的看法。即使有些问题从来没有接触过，没有现成的经验可以借鉴，但当问题出现时，他们还是会基于以往的经验，依靠他们的认知能力，形成对问题的解释，提出假设。

（2）教师在教学过程中不能对学习者的已有知识、技能、情感和经验熟视无睹，更不能简单强硬地采用由外向内的“填灌”，而应当把学习者原认知结构中的各元素作为起点，引导学习者生成新的认知结构。① 教师在教学中要倾听学生的观点，思考这些观点的源头，并以此为据，引导学生丰富或调整自己的结构。

（3）教师与学生、学生与学生之间需要共同针对某些问题进行探索，并在探索过程中相互交流和质疑，了解彼此的想法。由于经验背景的差异，学生对问题的看法和理解千差万别，对于学生所处的学习集体来说，这些差异是一种宝贵的现象资源。学习个体在学习中主要是通过自身起作用的，但是教师的作用也不可低估。

（四）师生角色的定位及其作用

（1）在新课程的理念下，教师在学生学习中的角色定位应该是学生建构

---

① 史加祥：《新课标视野下小学科学跨学科教学的理解与实践》，载《教学与管理》2022 年第 29 期。

新的知识、能力和情感体系的设计者、引领者、合作者和伙伴，是学生建构知识、能力和情感大厦的忠实支持者。教师应该给学生提供复杂的真实问题，而不是假问题，引导学生主动发现这些问题，而且必须认识到复杂问题有多种答案，激励学生对问题解决提出多种方法。教师给学生提供的应该是有结构的材料，而不是作用不大或者是不相干的材料。教师必须和学生合作共同创设一种良好的学习环境，学生在这种环境中，可以通过实验、独立探究、合作学习等方式来展开学习。

（2）教师要在学生建构自己的认知结构时激发其学习兴趣，引发和保持学生的学习动机。为使学生的建构更为有效，教师应组织协作学习，展开讨论和交流，并对协作学习过程进行引导，使之朝有利于意义建构的方向发展。

（3）学生是教学活动的主体和学习内容的积极建构者。当学生面对复杂的、真实的认知情境时，需要采取一种新的学习风格、新的认识加工策略，并且要明确自身是知识和能力建构的主体。学生在自我构建过程中要承担更多管理自己学习的机会；教师应当注意使机会永远处于维果斯基提出的“学生最近发展区”，并为学生提供一定的辅导。教师要引导学生善于把当前的学习内容与自身已有知识联系起来，并对这种联系加以认真思考。建构主义认为，将联系、思考和协商过程相结合是意义建构的关键和最好结果。

四、建构主义教育思想在小学科学教育中的应用

（一）建构式小学科学教育的学习原则

在建构主义看来，在教学过程中，科学素养（很重要一部分是科学知识、科学思想、科学方法和科学价值观）永远只是主体建构活动的结果，它是不能传递给被动的接受者的。科学素养必须由每一个认知者主动建构。

根据建构主义理论，可以得出小学科学教育的学习原则：

1. 提出与学生相关的问题

这里所说的提出与学生相关的问题，不是指学生可以随心所欲想学什么

就学什么，而是指教师备课和教学所涉及的问题必须是学生所关注的、能激发学生兴趣的。建构主义者对好问题的判断标准是：① 要求学生做出一个可检验的预测；② 利用不很昂贵的设备或器材；③ 有一定的复杂性，可以使学生提出多种解决问题的方法；④ 适合小组活动。

2. 围绕基本概念组织学习活动

建构主义强调完整地学习科学的基本概念。在这一点上，建构主义者与后现代主义课程理论家多尔一样，主张课程的内容必须是“少而精”的。“少”强调的是最基本的科学概念、理论、模式等，类似于布鲁纳的学科结构概念，而与布鲁纳观点不同的是，建构主义主张在情境中进行教学，而不是学习抽象的、理论化的、脱离情境的知识。“精”则是要求学得深、学得透，使学生掌握思想、过程和方法，理解科学的本质，能够举一反三，因而终身受益。

3. 引出并重视学生的观点

这是体现建构主义教学思想最重要的策略。教学虽然可以促进知识、科学技能和情感价值观的建构，但知识、科学技能和情感价值观的建构不是直接教学的结果。在教学过程中，学生能否理解知识、获得科学技能和情感价值观的体验，在于通过教师的引导和启发，学生能否主动地建构，而在这种建构过程中，学生已有的思想和观点揭示了许多其当前的观念和思维过程。[①] 为了了解学生的想法，教师必须倾听学生述说对所要研究问题的观点，这不仅是为了确定对与错，更重要的是为了懂得学生正在思考什么，怎样思考的，其假设是什么，并有针对性地进行教学。

4. 在教的情境中评价学生的学习

评价的真正目的在于使教师确定学生是否掌握了所学习的内容，即使掌握了还要摸清掌握到什么程度，这应该是一个连续的过程。因此，在上课时，教师就要监测学生是否理解和掌握了学习内容。如果教师觉得学生并没有理解和掌握，就要确定学生缺乏理解和掌握的原因，并调整教学方案，针对他

① 袁维新：《科学教学概论——建构主义观点》，中国矿业大学出版社 2007 年版。

们的问题进行教学。

（二）建构主义应用于小学科学教育教学中，对学生认知能力的影响

据美国《科学教育》杂志 2005 年 9 月报道，台湾交通大学 Ying – Tien Wu、Chin – Chung Tsai 就建构主义在小学科学课程教学中的长期应用，对学生的认知结构和信息加工策略的影响进行了为期 5 个月的研究。

研究通过对实验组（69 位小学 5 年级学生）和对照组进行了比较研究。并把对照组分为高成就组和低成就组。得出以下结论：① 接受建构主义教学的学生取得了明显的学习成就，并能够将所学知识有效地整合到自己的认知结构、元认知管理以及信息加工策略中；② 实验组中的高成就组和低成就组的学生都能够在不同程度上从建构主义教学中获益；③ 高成就组的学生在对信息加工策略的使用上，优于对照组的学生；④ 实验组学生在认知结构的获得、元认知的丰富、认知结构的整合以及认知结构的改善等方面，优于对照组的学生。

第二节　多元智能理论与小学科学教育

一、多元智能理论

（一）多元智能的概念及其种类

多元智能理论自 1983 年由哈佛大学发展心理学家教授霍华德 · 加德纳提出以来，迄今已有近 40 年的历史，已经逐渐引起世界广泛关注，并成为 20 世纪 90 年代以来许多西方国家教育改革的指导思想之一。

在《心智的结构》一书中，加德纳把智能定义为：智能是在某种社会或文化环境的价值标准下，个体用以解决自己遇到的真正难题或生产及创造出有效产品所需要的能力。

加德纳认为，支撑多元智能理论的是个体身上相对独立存在着的、与特定的认知领域和知识领域相联系的八种智能：语言智能、节奏智能、逻辑数理智能、空间智能、动觉智能、自省智能、交流智能和自然观察智能。

1．语言智能

语言智能，指听、说、读、写的能力，表现为个人能够顺利而高效地利用语言描述事件、表达思想并与人交流的能力。这种智能在记者、编辑、作家、演讲家和政治家身上有比较突出的表现，如丘吉尔、周恩来等。

2．节奏智能

节奏智能，指感受、辨别、记忆、改变和表达音乐的能力，表现为个人对音乐包括节奏、音调、音色和旋律的敏感以及通过作曲、演奏和歌唱等表达音乐的能力。这种智能在作曲家、指挥家、歌唱家、演奏家、乐器制造者和乐器调音师身上表现得比较突出，如音乐天才莫扎特、歌唱家帕瓦罗蒂、郭兰英，小提琴家盛中国、作曲家雷振邦和谷建芬等。

3．逻辑数理智能

逻辑数理智能指运算和推理的能力，表现为对事物间各种关系，如类比、对比、因果和逻辑等关系的敏感，以及通过数理运算和逻辑推理等进行思维的能力。这种智能在侦探、律师、工程师、科学家和数学家身上表现得比较突出，如相对论的提出者爱因斯坦、数学家陈省身、计算机－激光照排专家王选等。

4．空间智能

空间智能，指感受、辨别、记忆和改变物体的空间关系并借此表达思想和感情的能力，表现为对线条、形状、结构、色彩和空间关系的敏感以及通过平面图形和立体造型将它们表现出来的能力。这种智能在画家、雕刻家、建筑师、航海家、博物学家和军事战略家身上有比较突出的表现，如画家毕加索、刘海粟，航海家郑和等。

5．动觉智能

动觉智能，指运用四肢和躯干的能力，表现为能够较好地控制自己的身体、对事件能够做出恰当的身体反应以及善于利用身体语言来表达自己的思想和情感的能力。这种智能在运动员、舞蹈家、外科医生、赛车手和发明家身上有比较突出的表现，如我国的体操运动员李宁、舞蹈家杨丽萍，美国的篮球运动员迈克尔·乔丹等。

6. 自省智能

自省智能，指认识、洞察和反省自身的能力，表现为能够正确地意识和评价自身的情绪、动机、欲望、个性、意志，并在正确的自教意识和自我评价的基础上形成自尊、自律和自制的能力。这种智能在哲学家、小说家、律师身上有比较突出的表现，如我国历史上最伟大的思想家、教育家和哲学家孔子等。

7. 交往交流智能

交流智能，指与人相处和交往的能力，表现为觉察、体验他人情绪、情感和意图并据此做出适宜反应的能力。这种智能在教师、律师、推销员、公关人员、谈话类节目主持人等身上表现得比较突出，如美国黑人领袖、社会活动家马丁·路德·金。

8. 自然观察智能

自然观察智能，指观察自然界中的各种形态，对物体进行辨认和分类，能够洞察自然或人造系统的能力。学有专长的自然观察能力表现在农夫、动植物学家、猎人、生态学家和家庭设计师身上，如著名的昆虫（苍蝇）专家薛万琦等。

（二）多元智能理论的内涵

1. 每一个体的智能各具特点

通过加德纳的多元智能理论可以看出，人的各种智能不是以整合的方式存在，而是相对独立的，各自有着不同的发展规律并使用不同的符号系统。各种相对独立的智能以不同方式和程度有机组合在一起。即便是同一种智能，其表现形式也不一样。例如，同样具有较高逻辑数理智能的两个人，其中一个可能是数学家，而另一个可能是文育，但他们都有很好的心算能力。正是这种在个体身上体现的智能差异，使得每一个人看起来都“与众不同”。换言之，根据加德纳的多元智能理论，作为个体，每个人都同时拥有相对独立的八种智能，但每个人身上的八种智能在现实生活中并不是绝对孤立、毫不相干的，而是以不同方式、不同程度有机组合在一起。正是这八种智能在每个人身上以不同方式、不同程度组合起来，使得每一个人的智能各具特点。

加德纳认为，每个人的智能都有独特的表现方式，每一种智能又都有多种表现形式，很难找到一个适用于任何人的统一评价标准，因为每一个人的某一种智能强度是不一样的。正如无法指出丘吉尔、莫扎特、爱因斯坦、毕加索、乔丹、柏拉图和马丁·路德·金谁更聪明、谁更成功，只能说他们各自在自己的领域内怎样聪明、怎样成功。不能说上述八种智能哪一种重要、哪一种不重要。它们在个体智能结构中都占有重要的位置，处于同等重要的地位，只不过表现的程度和方式不一样而已。

2. 个体智能的发展方向和程度受环境和教育的影响和制约

在多元智能理论看来，个体智能的发展受到环境包括社会环境、自然环境和教育条件的极大影响与制约，其发展方向和程度因环境和教育条件不同而表现出差异。[①] 尽管各种环境和教育条件下的人们身上都存在着八种智能，但不同环境和教育条件下人们智能的发展方向和程度有着明显的区别。

加德纳认为，在正常条件下，只要适当的外界刺激和个体本身的努力，每一个个体都能发展和加强自己的任何一种智能。在加德纳看来，影响每个人的智能发展有三种因素，即先天资质、个人成长经历和个人生存的文化背景。这三种因素是相互影响、相互作用的。加德纳指出，虽然人的天赋对智能类型起决定作用，但智能的发展水平高低取决于个体后天的文化教育活动。其中，开启经历和关闭经历就是两个重要的变化过程，是个体智能发展的转折点。前者起到开启智慧的作用，后者则起到扼杀智慧的作用。前者如著名的爱因斯坦，它激励爱因斯坦产生了探究宇宙奥秘的欲望，开启了他的逻辑数理智能的发展。后者则通常与耻辱、内疚、恐惧等消极经历有关，它会中

---

① 林伟贞：《小学生抗逆力的培养——以多元智能理论下的优势视角为取向》，湖南大学出版社 2017 年版。

断一个人某种智能发展的路程，从而使这种智能失去进一步发展、完善的机会。

3．智能强调的是个体解决实际问题的能力和生产及创造出社会需要的有效产品的能力

在加德纳的多元智能理论看来，智能应该强调两个方面的能力，一方面是解决实际问题的能力；另一方面是生产及创造出社会需要的有效产品的能力。根据加德纳的分析，传统的智能理论产生于重视语言智能和逻辑数理智能的现代工业社会，智能被解释为一种以语言能力和逻辑数理能力为核心的整合能力。

4．多元智能理论重视的是多维度地看待智能问题

在加德纳看来，承认智能是由同样重要的多种能力而不是由一两种核心能力构成，承认各种智能是多维度、相对独立地表现出来而不是以整合的方式表现出来，应该是多元智能理论的本质之所在。

5．存在于个体身上的智能类型不是仅限于上述几种

加德纳认为，个体到底具有多少种智能是可以商榷和改变的，所提出的八种智能观点，在某种程度上还只是一个理论框架或构想。他不仅不否认其他智能的存在，而且提出人身上可能还存在着其他的智能，如灵感、直觉、幽默感、烹调能力、创造能力和综合其他各种能力的能力等。按照加德纳的观点，某种能力是否可以成为多元智能中的一种，需要看它是否得到足够的支持，如果有，就可以在多元智能框架中增加它们。

6．智商和多元智能无必然的联系

加德纳等人在对人的智商与多元智能的关系进行研究测验后，发现两者无明显的关联。因而，加德纳得出结论：传统的智商测验无法预测儿童在多元智能领域中的表现。相反，多元智能测验可以帮助教师和家长了解儿童将来可能有杰出表现的倾向，从而进行适当的教育。

二、多元智能理论对我国教育改革的意义

多元智能理论在美国教育改革的理论研究与实践中产生了积极的影响，

并且成为当前美国教育改革的重要理论基础之一。近些年来，随着该理论被介绍到我国，同样受到我国广大教育工作者的青睐，运用多元智能理论分析我国教育问题，尤其是教育改革的新问题，对于教师们树立良好灵活多变的智能观、教学观、学生观、评价观，促进我国教育改革和学生素质的整体提升具有非常现实和深远的意义。

（一）智能观

根据多元智能理论，大多数人具有完整的智能，但每个人的认知特征又显示出其独特性，在八种智能方面每个人所拥有的量是不同的，八种智能的组合与表现方式各有特色。长期以来，我国的学校教育偏重于培养和发展学生的语言和逻辑数理能力，强调语文和数理化等学科的教学，而忽视对学生其他方面能力的开发和培养，从而忽视了其他认知方式的重要性。因此，学生的多种智能在传统的教学中未能受到重视，他们的特长可能难以被发现。

真正有效的教育必须认识到智能的多样性和广泛性，并使培养和发展学生各方面的能力占有同等重要的地位。音乐、体育、美术、历史、地理、社会常识等学科，对促进学生智能的多方面发展具有同等重要的作用。值得教师们深思的是，狭隘的智能观必然导致教育内容的狭隘，而狭隘的教育内容只可能培养出片面发展的学生，这在一定程度上会阻碍甚至扼杀学生多方面的潜在能力，从而限制了学生的发展。

（二）教学观

我国传统的教学基本上以“教师讲，学生听”为主要形式，辅之以枯燥乏味的“题海战术”，而忽视了不同学科或能力之间在认知活动和方式上的差异。这既违背了教学规律，也违反了因材施教的原则。多元智能理论认为，每个人都不同程度地拥有相对独立的八种智能，而且每种智能有其独特的认知发展过程和符号系统。因此，教学方法和手段就应该根据教学对象和教学内容而灵活多样。

教师应当让学生积极地参与教学活动，并根据不同的教学对象和内容采取不同的教学方式，即使是同样的教学内容也可以通过不同的方式和手段帮助学生理解和掌握，使学生成为学习的主人。学校和教师的任务就是要设计出适合学生特点的有效方法，从而促进每个学生全面充分的发展。对教师而言，更重要的是，不仅要辨认教师们身心系统的智能，而且要能够为学生创设一个生活和学习的“聪明环境”，使他们置身于积极、富有营养、充满刺激和交互作用的环境里，才能够持续地促进学生心智能力的发展。

（三）评价观

多元智能理论对传统的标准化智力测验和学生成绩考查提出了严厉的批评。传统的智力测验过分强调语言和逻辑数理方面的能力，只采用纸笔测试的方式，过分强调死记硬背知识，缺乏对学生理解能力、动手能力、应用能力和创造能力的客观考核，是片面的和局限的，不能真实、准确地反映学生解决实际问题的能力。根据多元智能理论，智力和教育测验应当通过多种渠道，采取多种形式，在不同的实际生活和学习情境下进行；教师应从多方面观察、记录、分析和了解每个学生的优点和弱点，并以此为依据设计和采用符合学生特点的不同课程、教材和教法，帮助学生“扬长避短”。

测验的目的不应该是对学生分类、排名次或者贴标签，而应该是帮助教师和家长认识和了解学生的学习特点和需要，并采取适当的措施，帮助每一个学生充分发展其潜能。应当明确智力测验是手段而不是目的。多元智能理论指出，人的智力不是单一的能力，而是由多种能力组成的综合体。因此，学校的评价指标、评价方式也应当多元化，要使学校教育从纸笔测试中解放出来，注重对不同人、不同智能的培养，应加大情景化考试力度，以发现每个学生在测试中显露的区别于他人的智能特征。从而使教师通过这一过程更加充分了解和认识学生的不同潜能，从而把握和提供适合他们的教育途径和方法。

（四）学生观

根据多元智能理论，每个人都有其独特的智力结构和学习方式，所以，对所有学生采取同样的教材和教法是不合理的。加德纳所倡导的“以个人为中心”的多元智能学校教育理论，有如下几项原则：① 学校教育必须以学生为本，学校教育的每项改革必须以学生的学习和发展为最终目标；② 所有学生都有能力学习，具有多元智能和不同的发展潜质，学校教育应为每一个学生提供均等的发展机会，建构一种可选择性的教育以适合不同学生的不同潜质、不同学习方式和不同发展需求；③ 学校教育必须以合作的方式和家庭、社区建立密切的关系，以保证学生有机会获得广泛的学习与发展经验，使学生的学习与自身的生活建立真实而完善的联系。多元智能理论及教育实践的发展，要求教育者思考一个新的问题，学校教育为每一个孩子的发展做好准备了吗？而这正是当今学校教育改革需要慎重考虑的首要问题。真正有效的教学是能够将学生的智力特点与教师的教学方法结合起来的。同时，多元智能理论也为教师们提供了一个积极乐观的学生观，即每个学生都有闪光点和可取之处，教师应该从多方面去了解学生的特长，并相应地采取适合其特点的有效方法，使其特长得到充分发挥。而且教育应面向全体学生，相信所有的儿童都能学好。

学习有困难的学生，很可能是因为他们所在学校的教育方式和手段不适合他们，没能充分发挥他们的潜力。学习困难的学生可能是由于学习策略的知识与操作没有被激活，并在学习中不能自如地使用，这就需要教师在教学过程中给予指导。教师应根据教学内容和教育对象的不同，采用多样化的教学策略和方法，使学生能够用他们自己所理解的方式去获取知识，以满足不同学习风格的需求，保障每位学生学习、享受教育资源和发展的权利。这样，不同的学生都可以得到同样好的教育，每个学生都可以得到良好的发展，从而成为有用的人才。

（五）发展观

按照加德纳的观点，学校教育的宗旨是开发多种智能并帮助学生发现适合其智能特点的职业和业余爱好。让学生在接受学校教育时，发现自己至少有一个方面的长处，学生就会热切地追求自身内在的兴趣。而这种追求不仅可以培养学生对学习的兴趣，同时也是学生坚持不懈努力学习的内在动力，这正是熟练掌握学科原理和创造发明所必备的品质。

按照“短路理论”，如果缺乏创设相关环境和给予强化而不去唤醒学生们的潜在能力，相关的神经功能就会衰退，这些能力也会自我衰退，甚至消失。然而，传统课程设置只将语文、数学和外语看作“主科”，将科学、体育、音乐和美术等视为“副科”，学校和家长也在不同程度上存在只重视语文、数学、外语，而忽视科学、体育、音乐、美术的现象，致使学生的科学、体育、音乐、美术等多种潜能被压抑。

多元智能理论强调：学校及教师应明确在当前课程计划和课外活动中，包含了哪些在学生身上可以培养的多元智能要素，教师应致力于普及这些要素，确保所有的学生能够从中受益。在课程设计方面，不仅应重视学生不同侧面的智能，还应拓展发展智能的空间，尽可能地发掘每一个学生的潜在能力。当每个学生都有机会挖掘自身的潜能而高效地学习时，他们必将在认知、情绪、社会甚至生理各方面展现出前所未有的积极变化。需要指出的是，多元智能理论并不是对传统教育的简单否定，而是一种扬弃。多元智能理论为教师们理解智能和教育的关系提供了一个新的视角。

三、学生在多元智能实践中的认识误区

（一）认识层面的表面化，实践中搞“花架子”

多元智能理论倡导多元情境化的教学，在实践中容易造成在认识层面上的表面化，在实践中搞“花架子”。多元情境化的教学方法，并不是多元智能理论所首创，长期以来，教师们多用来“激情、激趣”。而多元智能理论在此基础上又赋予它新的功能：其一是为因材施教服务，适应不同智能类型学生的学习风格；其二是为深刻理解而教，多元智能理论创始人加德纳认为，任何一个重要、复杂的概念都可以运用多种方式来理解和表达，多元情境化的教学正是为深刻理解这些重要、复杂的概念服务的。对多元情境化教学功能的重新定位，有助于避免走入误区，避免出现应该达到的重要教学目标没有

达到，而不重要的教学目标花费的经历和时间很多的后果。

由于不能很好地领会多元智能理论的内涵，容易造成一些问题。问题之一，认为只要涉及一些教学情景和策略，就是多元智能，教学活动只要涉及数值和图形的关系就是逻辑数理智能，涉及反思和总结就是自省智能，活动中有背景音乐就成了音乐智能。问题之二，对学生放任自由，不加引导和强化。按照多元智能理论的观点，任何人都具有八大智能，认为在教学中可以对学生放任自由，对学生的学习不加引导，这样就可以实现学生多元智能培养的观点是非常危险的。实际上每个学生都有不同类型的智能，有可能在某一方面还有发展，这时教师要认真帮助学生鉴别，进行适当引导和强化，这样才有可能培养出多元化发展的学生。

（二）造成实践中将“会学”与“学会”相对立

在实施基础教育课程改革目标的初期，将“学会”转变为“会学”，是基础教育实践者经常思考和努力实践的教学思想。实际上，“学会”和“会学”是应该相互转换的，这二者绝不是“非此即彼”由一端转向另一端的关系。而在实践中将“会学”与“学会”相对立，是许多教师经常出现的问题。多元智能理论强调教学必须关注学生“如何思考”，也就是“会学”。但是，所谓“会学”的标准是能够运用所学的知识、技能、思维方法和态度以及价值观来解决实际问题，将“会学”与“学会”辩证地统一起来，是在教学中必须注意的问题。

（三）在实践中将一种教学思想的优势夸大化

在实践中认为探究式学习能够实现一切教学目标，使教学中传授法、谈话法、研讨法和演示法等教学方法失去了作用，是教学实践中容易出现的问题。加德纳曾经倡导过研究性学习，认为在小学阶段主要是探究式学习，他在强调研究性学习的重要价值之后，告诫人们：没有任何医治教育百病的灵丹妙药，也没有通向知识天堂的阳关大道。有的知识需要背诵，那就应该背诵，有的知识需要计算，那就应该计算。他认为各种教学方法都有其独特的作用，教学方法是多元的，不要用一种方法来覆盖全部教学过程。在小学科学教学中，传授法、演示法、研讨法等教学方式也一样适合培养学生的多元智能，只要在教学中应用得恰当就行。

四、根据小学生的智能差异特点，进行小学科学教育

（一）小学生的智能差异性分析

每个学生由于生理特征和能力（如年龄、健康、感知觉能力）不同，情感动机（如自尊心、同情心、好奇心及对成败的反应等）不同，知识背景（对不同学科或同一学科的知识结构和深浅类型层次）不同，智力类型不同，家庭和社会背景不同，就决定了学生在小学科学学习中的表现不同。

由于学生存在上述差异，所以有的学生倾向于用自己的感觉器官感知客观事物的信息，并以此对客观事物进行分析和判断；有的学生可能更习惯凭自己的直觉想象和顿悟对事物做出判断；而有的学生则可能更愿意根据客观事物所传递出的表象和实质特征进行逻辑分析，进行抽象思维判断。

由于有的学生比较理性化，重视客观性与逻辑性，而有的学生则更倾向于情感型，比较主观，重视感性思维，因此，教师在进行科学教育时要关注学生这些特点，根据学生智能类型的差异因材施教，使不同的学生有不同方面的发展。

（二）利用科学教学过程提升学生多元智能

学生在接受和处理信息上有差异是符合学生认知特点的，教师在日常的科学教育活动中因势利导是非常重要的。但是，在传统的小学科学课堂上，还有一种现象是很普遍的：教师讲得多，学生悟得少。要解决这一问题最好的办法是，教师在科学课堂中给予学生足够的时间和空间，让学生自己去探究解决问题。

科学课的主要教学形式是以探究活动为主的教学。学生在探究活动中，学生的逻辑数理智能、交往交流智能最先得到发展；随后在这两种智能的基

础上，学生的动觉智能、空间智能得到发展；最后通过学生的自我评价，发展学生的自省智能和自然观察智能。教师必须针对学生的个体智能差异来激励、引导学生培养科学探究的兴趣。

学生的科学探究活动各有侧重点：

（1）有的活动主要是在观察研究中探究，学生的自然观察智能和空间智能在活动中为主体。例如，一位教师教授“纸的观察”时，让每个组准备报纸、卫生纸、普通白纸、牛皮纸、宣纸、蜡光纸、白板纸等，然后让他们观察。

教师：说说你们是怎么观察的，有什么发现？

学生：发现纸上有小洞。

学生：把纸对着光看有小孔，能透光。

学生：有的有点透明，有的不透明。

学生：卫生纸软，报纸也有点软，白板纸硬一些。

学生：透光的纸软一些，不透光的纸硬一些。

学生：蜡光纸和其他的纸不同，一折就响，有的不响，有的一面还发亮。

学生：我发现了三个秘密，都是关于卫生纸的。卫生纸有很多小孔，有点透明，很不好撕整齐，撕了有很多小毛边。

学生：蜡光纸不同，用刀割开没有毛边。

学生：用剪刀剪开也不会有毛边。

学生：有，刀不快割开的也有毛边，用放大镜看更清楚。

（2）有的活动主要是在实验中探究。探究以学生的逻辑数理智能为主。例如，在研究液体时，一位教师进一步拓展教材，让学生认识不同液体相混合时的情形，为理解密度打下基础。过程是这样的：教师出示洗洁精、色拉油、红色的水、蓝色的酒精，首先让学生猜测一下，如果将它们混倒在一起将会是什么样？

学生：可能会全混在一起。

学生：可能会是多种多样的。

学生：会变成五颜六色。

学生：油会浮在上面，水在下面。

学生：可能会全混在一起变成一种新的颜色。

学生：可能会变出新的气味。

学生们利用已有的生活经验猜测着、议论着，这个问题显得很有意思，而接下来他们迫不及待地想去动手试验，学生在不知不觉中培养了自己的动觉智能、交往交流智能、自省智能。

（3）有的活动，学生主要是通过对资料的收集以及资料的整理来探究，它主要是对学生逻辑数理智能和自然观察智能的培养。学生的逻辑思维能力是不同的，对收集资料的认识深度也是不同的，他们在整理探究过程中，教师要充分肯定学生的认识成果，使他们都能享受成功的乐趣，都能感受到获取知识掌握技能的愉悦，从而有求知的欲望，产生一种内在的助推力。

（三）给所有学生提供多元智能提升的机会

大量的研究表明，学生学科成绩的好坏一方面和学生自身智商、学习方法和努力程度有关；另一方面还和教师对学生期望值的高低有一定关系，当教师对学生关注和帮助得多，学生受到了直接的鼓舞和激励，就越能够保持对该学科学的热情和动力，当然学生和教师的关系必须是融洽的。因此，教师对学生的智能提升的作用是不可低估的。

作为科学教师，应当如何在教学活动中真正体现“男女生平等”的观念？专家们提出了一些建议：

（1）平等的高期望值——无论对男生，还是对女生，教师应该有相同的期望值，不应该有性别歧视，对于女生的学习教师应该更加关心，相信女生与男生一样有能力学好科学。

（2）鼓励与反馈——教师应在科学课中给女生更多动手做试验的机会，树立女生学习科学的信心，多给予鼓励和支持，让女生展现自己的学习成果，引导女生走出学习科学的误区。

在班级活动中，让男、女生轮流做小组活动的领导人和实验操作者，对男、女生的活动表现出同等的兴趣，并及时反馈。

在过去的科学教学中，在男、女生混合的小组实验活动中，男生更多充当的是实验操作者，而女生则是记录员或者是观察者。改变这一状态的办法之一是：在小组分工时明确男、女生的角色，避免出现女生成为旁观者的尴尬局面；办法之二是：由女生组成单一性别的活动小组，在女生组成的小组内进行角色轮换，国外甚至有人尝试让女生在由单一性别组成的班级中学习科学，这一做法可以在平行年级中尝试一下具体效果，如果可行再推广，但是必须解决好年级排课表冲突的问题。

（3）在做中学——人们应认识到由于社会文化和家庭传统观念等因素的影响，女生在使用工具方面的经历大大少于同龄男生。例如，从出生的第一天起，父母及亲戚朋友就已经在选择服饰、玩具等方面表现出明显的差异性。男生很早就开始摆弄机械的、电动的或其他需要组装的玩具，从而对结构、运动学和简单工具的使用有较早的认识，由于这种优势，男生就有了较强的动手能力和动手操作意识；另外，在家庭和社会教育中，往往教育男生要顶天立地，做个男子汉，这一点也有利于男生争强好胜、表现欲望强的形成。而女生接收到的玩具较多的是洋娃娃、布偶一类，在家庭和社会教育中教育女生温柔、听话、理解别人，从而使女生形成了细腻、从属的性格。科学教师如果在科学课中运用“动手做，做中学”的教学方法，多给女生机会，则将有效弥补女生在这方面的“先天不足”，是实现男、女生科学教育机会平等的重要途径之一。很重要的一点，如果能够改变社会的一些认识偏见，从小塑造学生一些正确的心理品质，对学生将来学习科学也是非常必要的。

另外，教师在选用科学教学的材料时，应注意男、女生代表的平衡，避免过多地选用与男生有关的材料，应多选择一些中性材料；在教学活动中应有意识地注意宣传女生典范的事迹，树立女生学习科学的信心；创造条件让男、女生都有机会品尝成功的喜悦。使女生对科学学习更感兴趣、对自己更有信心，构成所谓的“良性循环”。

总之，如果教师能够树立良好的男女平等观念，通过适当的方法消除性别歧视和学习科学的差异性，利用多元智能理论，进行科学的有效教学，一定会使所有的学生在各项智能方面都得到很大的提升。

第三节　探究式学习在小学科学课中的教学策略

探究式教学是一种符合当今教育发展与教学需求的教学方法，但对于如何使这种教学方法与小学科学课程完美融合并发挥其有效的价值还需要一定的教学策略。

一、探究确定目标的策略

在开展探究活动之前，教师都必须明确教学目标。教学的效果与目标的确定有着直接的联系。探究式教学目的是提高学生的创新能力、培养学生的探究意识和加强学生团队协作精神，并在探究活动过程中积累丰富的实战经验。所以在探究确定目标时应该考虑以下三个因素：

（一）三维目标的确立

小学科学课程的总目标是：培养学生的科学素养，并为他们继续学习、成为合格公民和终身发展奠定良好的基础。并据此设置了知识与技能、过程与方法和情感态度价值观。三维目标的确立是教师课堂教学的指向标，因此要把握住小学科学课程的三维目标。科学教师在确立探究目标时要把知识与技能目标作为基础，将过程与方法作为重点，突出情感态度价值观。在教学目标的引导下，对知识的传授、思想的引领和技能的提高起到促进作用。

（二）课程标准的把握

课程标准的准确把握是教师教学活动顺利开展的重中之重。教师在上课之前都会对课程标准进行仔细研读和深入分析，以此确立教学方法和教学目标等。所以探究式教学目标要以课程标准为前提，使课程标准与对学生的培养之间时相匹配。在确立教学目标时，教师应该把课程标准中涉及与之相关的内容一并加进去，并不断完善。但可能会存在教学内容涉及课程标准中的多方面内容，这就要求教师在确立教学目标时要多角度、多方面地考虑问题。这样更有益于使学生更好地掌握和理解所学知识，并能够自主地构建知识体系。

（三）学生学情的分析

探究目标的又一重要基础是对学生学情的分析。学情的分析要从学生已有的认知经验、学生的情感态度和学生的学习风格这三方面入手。第一，在确立探究目标之前，教师要了解学生已有的认知经验和即将要学的新知识中所包含的旧知识，再根据学生的实际情况，在课堂教学探究活动的过程中，有针对性地进行引导。第二，对学生情感态度进行分析。小学科学课程重在培养学生对科学的兴趣、正确的思维方式和学习习惯，更加注重学生在进行探究活动的过程中的情感体验，因此教师在确立课程探究目标时要充分把握学生的情感态度。第三，对学生的学习风格进行分析。在确立探究目标前教师也要注重因材施教，因为每个学生的习惯不同、学生之间的差异性，导致学生的学习风格都是不同的，这就要求教师要尊重学生的个性，对不同的学生采取不同的方法，在充分了解之后激发学生学习的主动性与积极性。

在探究教学活动中，教师教学要走进学生生活，贴近学生实际，这样才能更好地激发学生的学习热情以及实现教学目标。所以探究目标的确立离不开对三维目标、课程标准以及学生学情的分析，只有将三者融合在一起，最终才能制定出既符合学生发展需要又符合课程要求的教学目标。

二、探究选择问题的策略

在探究式教学中，教师对于课堂探究问题的选择是至关重要的，设置的问题可能直接会影响到课程教学主题和目标的能否实现，甚至整个教学探究过程能否顺利开展。所以，在探究选择问题方面教师应该遵循生活性原则、启发性原则和挑战性原则。另外，教师所提出的问题务必是学生可以通过实际调查、收集资料、互相讨论和实验操作等方式解决的，并且可以提高学生的探究动力。

问题选择的生活性原则。小学科学课本教材内容与学生的生活实际息息相关。“做中学”就是倡导经验都是在“做”中得出来的，提倡学生在生活中学习知识，这就要求教师在设置问题时要贴近学生的生活，贴近学生的实际。教师在探究问题的选择上也要以学生的生活实际为基础，若提出的问题晦涩难懂，则会使学生觉得索然无味，从而降低学生探究的兴趣，影响教师教学的效果。

问题选择的启发性原则。教师对于探究性问题的选择要具有启发性，也就是说教师提出的问题可以使学生展开思考与讨论，激发学生探究的兴趣。而学生在解决探究问题的过程中，不但可以掌握知识，又可以培养学生的思辨能力。以苏教版小学科学六年级下“生态平衡”一课为例，教师可以结合课本内容与现实环境向学生提出：“面对现在生态环境的变化，我们每个人都能做些什么呢?”这是一个具有启发性的问题，在课本中并没有标准答案，这完全需要学生自己加以探索，在激起学生大脑思考的同时也引发学生对现实生活的思考，可以增强教学的生活性。

问题选择的挑战性原则。在课堂教学中，教师会发现探究问题过于简单或者过于复杂都不会激起学生学习的兴趣，因此，教师要想使学生产生认知冲突并激起学生探究欲望一定要设置富有挑战性的探究问题。最近发展区理论就是要求教师在学生现有的水平和可能达到的水平之间提出能够激发学生潜力的问题。这个问题的提出是可以让学生通过自己探究后解决的，能使学生获得探究问题的成就感。以苏教版小学科学六年级下“节约能源与开发新能源”一课为例，教师提出“我们生活接触到的能源有哪些?我们如何利用身边的能源呢?”问题提出后学生就会先思考自己身边所了解的能源，并讨论如何利用，最后得出结论。这个问题的设置具有一定挑战性，可以引发学生的思考和探索，并最终给出答案。

三、探究创设情境的策略

创设情境是探究式教学的第一步。在探究问题提出之前，教师要根据教学内容创设情境，在提出探究问题之前，教师要创设一定的教学情境，这样在创造一个富有生机活力的课堂环境的同时还能提高学生的学习积极性和激发学生求知的欲望，因此，创设情境是教学的第一步。小学科学课程内容多为探究性活动以及科学实验，学生的关注力很容易分散，所以需要教师找到一个较好的问题情境切入口，形成积极有效的探究活动。此外，创设的情境要基于学生的认知经验，要贴近学生生活和教学课本，并且要符合学生的个性发展要求。教师可以采用不同的方式创设情境，如运用实物情境、录音录像情境、歌曲插入情境等方式，只要能够在最大程度上提高教师教学的效率以及激发学生的探究欲望就可以。

（一）创设多媒体情境

教师可以利用多媒体设备播放视频、歌曲、图片等，在感官上激活学生的大脑思维。教师通过视频音像、动听的歌曲、多姿多彩的图片、简短的小视频等多种方式，刺激学生的感官，增加学生对课程的关注力。

（二）创设故事情境

小学生对于周边一切都有着强烈的好奇心，喜欢新鲜冒险有趣的故事。例如在小学科学六年级第四单元的“登月之旅”中，教师可以先跟学生讲嫦娥奔月的神话故事，以吸引学生注意力。所以，教师在传授知识前可以先向学生讲与教学内容相关的小故事，创造一个新奇生动的环境，可以让学生快速地进入学习状态。

（三）创设比赛情境

小学生很喜欢以比赛的形式来进行学习之间的较量。所以，教师可以根据学生的这一特性，以小组为单位进行比赛，创设特定主题的比赛情境，激起学生的胜负欲，使学生在比赛中体会到学习的乐趣。

根据以上内容我们可以得知，探究式教学的顺利开展离不开情境的创设。所以，教师要善于利用身边一切可以利用的资源，包括生活经验的积累，以为学生创设通俗易懂的情境，教师要学会把深奥理论尽量以生活化、生动化的形式传授给学生，提高学生的探索欲望，并且多鼓励学生动手操作，动脑思考，以突出学生的主体地位。

四、探究引导过程的策略

教师在给学生创设问题情境后，便是师生之间的互动探究过程。在探究活动过程中，教师只是引导者，学生是主体。教师要在学生已有认知和收集到的资料的基础上，让学生以小组形式先展开谈论，随后教师根据学生的集中讨论结束后提出的问题进行有效的引导，鼓励学生多思考，加深学生对研究问题的理解。在探究讨论方面，教师要为学生营造一个轻松愉悦的学习氛围，可以使学生畅所欲言，大胆提问；在学生提问环节，教师设置的问题要有一定启发性并且问题的难度要适中；在探究演示方面，教师要充分了解这一阶段学生具有的特性，利用各种方式向学生直观演示所要探究的内容。以苏教版小学科学四年级上“声音的传播”一课为例，教师可以在上课开始之前以一段视频导入，视频中的女生们边跳着舞边欢快地唱着歌，学生沉浸在优美的舞蹈和快乐的歌声里，有利于学生更快地进入情境中。在看完视频后，教师可以对学生进行简单的提问：你知道这个歌声是从哪里来的吗？你知道这个歌声是通过什么物质进行传播的吗？此时教师是将创设问题情境与演示探究过程一并实用。此举可以引发学生的思考，也可以激发学生对所学知识的浓厚兴趣，教师再开始进入正题，引出课程的内容，这样一来就使得学生能在一个有趣又轻松的环境下掌握所学的知识。

五、探究活动评价的策略

探究式教学着重强调学生要注重亲身实践体验操作和对学习自主探究的过程，并且要求学生在这一过程中注重合作与交流，从而获得经验。① 在探究式教学中，我们不但要对教学结果进行评价，也要对教学过程进行评价，也就是将终结性评价与过程性评价相结合。首先，学生要对自身先进行评价，

① 李俊芳：《基于歌曲情境的情感体验式语法教学模式探究》，河北教育出版社 2018 年版。

然后教师再根据学生的评价做出补充性的评价或对学生在已做评价的基础上再评价。以苏教版小学科学五年级上“认识常见的岩石”一课为例，教师在上课前可以先提出问题：“你们在出去跟家人旅游的时候有见到哪些岩石?”然后学生思考后展开讨论，五年级的学生应该是和家人出去游玩过的，肯定会有一定的认识，但每个学生的认知都是不同的，通过小组的讨论，学生就会进入一个分享旅游过程中岩石见识的情境之中。以这种方式引出新课内容，会使学生更易接受。在学生描述过旅途见识的过程中，见过多种岩石的学生一定会有自己的独特体会，而在学生讲述的过程中，教师对学生所表达的有错误的地方，及时地加以修正和评价，并告诉学生正确的说法。因此，在探究过程中，过程性评价起到协助作用，而终结性评价是可以做出最终回答的。

第二章　小学科学教学技能与课堂有效性提升策略

第一节　导入与演示的形式技能

一、运用导入的目的

第斯多惠说："教学的艺术不在于传授的本领，而在于激励、唤醒、鼓舞。"科学课堂教学中的导入正是一个激励、唤醒的过程。在一个完整的教学过程中，导入所占的比例并不大，但它的作用却是不可低估的。精心设计的导入，能促使学生情绪高涨，进入求知欲高涨的状态。

（一）集中定向，进入学习状态

传统教学强调"教师中心"，较重视教师的教而忽视学生的学。事实上，只有当学生积极参与学习活动时，教师对学生的指导和调节才能发挥应有的作用。学生在学习活动开始时，对学习给予的重视和注意程度，以及其思想、精力的集中程度，对教学活动的顺利进行和教学的预期效果的实现有很大的作用。由于学生（尤其是低年级学生）在课间休息时进行了不同的放松活动，在开始上课时，还沉浸在课间活动的兴奋中，不能立即将注意力集中在学习活动中，此时，教师如果直接讲授新课，学生的接受效果将是不理想的，教学任务的完成将受到影响。好的导入在课程的开始就给学生较强的、较新颖的刺激，帮助学生收敛课前活动的各种思想，在大脑皮层和有关神经中枢形成对新学习内容的“兴奋中心”，把学生的注意力迅速集中并指向特定的教学任务和程序之中，为完成新的学习任务做好准备。一位老师执教“电与生活”一课时做了这样的设计：老师满面笑容地走进教室，学生起立问好之后，老师拉亮了教室的灯，又当着学生的面，用一把塑料尺在头发上擦了几下，转身将塑料尺伸到纸屑包里，同时还打着魔术师般的手势，只见不少小纸屑被塑料尺吸了起来。同学们惊奇地看着老师，心想：“老师今天到底要给我们讲什么呢?”正当同学们思考时，老师说：没有电，灯不亮；没有电，电话不通；没有电，广播、电视也不能收听收看。我们的生活和电密切相关。那么，同学们想知道有关电的知识吗？今天我们就讲“电与生活”。教师用几个动作、几句话，把学生引入了学习的准备状态。

（二）激发兴趣，产生学习动机

兴趣是一个人积极探究某种事物或进行某种活动的意识倾向。兴趣是入门的向导，是感情的体现，能促使动机的产生。小学生充满着好奇心和求知欲，好学、好问、好动手是他们的天性，他们对周围事物有强烈的敏感性和认识上的积极性，这是主动观察事物、思索问题的内在动力。教师应根据这个特点，抓住时机，把他们引导到爱科学、学科学、用科学的道路上来。

（三）承上启下，促进认知衔接

学生的学习活动是重要的认知过程，导入环节就是教师引导学生为新的学习活动做好认知方面的准备，促进新旧认知的衔接。学生的认知是有继承性和连续性的，唤起已知、激活原有知识结构中相应的部分并加以再现和强化就显得尤为重要。教师在讲授新课之前需要有一个复习、再现已知的过程，这个工作就是在导入环节里需要做好的。在导入环节中，教师通过对旧知识的复习、提问、组织学生做练习等活动，向学生提供新、旧知识联系的支点，能使学生认识到新知识并不陌生，降低了学习新知识的难度，易于引导学生参与学习活动。

（四）创设情境，引发探究活动

教师在导入新课时可以根据教学内容的特点，创设一定的情境，渲染课堂气氛，让学生置身特定的情境中，产生探究问题的强烈愿望。如王峰等老师为苏教版科学教材中“光怎样行进”设计的导入片段为：

教师：（拉好窗帘创设一个黑暗的环境）教室太黑，同学们想办法能用发光的物体把周围照亮吗？（比如：灯、手电筒、点亮电珠、蜡烛、荧光棒）教师：请同学们拉开窗帘，我们看到明媚的阳光照进了教室，老师看到了大家一张张的笑脸。试想，在漆黑的教室里老师看不到同学们的表情，这是为什么呢？

学生：教室没有光，我们就什么也看不见。

教师：那么光是从哪里来的呢？

学生：电灯、手电筒、太阳等能发光的物体。

教师：我们把能发光的物体叫光源（板书光源的概念）。光源的分类标准很多，按光源形成原因分为自然光源和人造光源两种。

教师在导入阶段通过创设意境，激发学生的兴趣，学生学起来一定会兴趣盎然。

二、导入技能的构成类型

导入的形式多样，关键是导入过程既要能引起学生的兴趣，又要对教学内容的重点、难点有所提示，激发学生积极思维、乐于探究的兴趣。

（一）实验导入

用实验创设情境，科学课有得天独厚的优势。在课堂教学中教师要善于采取灵活多变的实验方法，巧妙地安排新奇有趣的实验，通过学生动手、动脑，创设寓教于乐的情境，能够激发学生的学习兴趣，主动探索。

1. 演示实验导入法

教师通过演示实验，使学生感受到一定的刺激，同时提出若干问题，巧布疑阵，激发学生的求知欲，从而导入新课。例如，“热是怎样传播的”一课，一上课教师就问学生：“你们见过烧不死的金鱼吗？”在学生的讨论声中，教师把一条活蹦乱跳的小金鱼放入一个大试管中，把试管斜夹在铁架台上，用酒精灯对着试管的上部烧，试管上部的水烧开了，而小金鱼仍然自由自在地游来游去。学生观察到实验后惊叹不已，对这种现象感到惊奇，探究的兴趣油然而生。又如一位老师为“马铃薯在水中是沉还是浮”一课设计的导入片段为：

（1）教师出示一大一小两个马铃薯，一杯水。组织学生设计：利用这些器材可以设计哪些实验？

（2）假如把这一大一小两个马铃薯放入水中，会有什么现象？学生们顿时兴致高涨，争着回答：“沉、浮、大沉小浮……”

（3）教师有意按学生猜的相反意思做实验：

学生说大的上浮，教师把它做成下沉；学生说小的下沉，教师却掩饰成上浮。结果使学生十分好奇，求知欲大大增加。

2. 学生实验导入法

利用实验导入新课更能激发学生的求知欲，如苏教版“声音是怎样产生的”一课，教材的设计就是从“制造声音”开始，让学生利用身边的常见物体——瓶子、直尺、铅笔等制造声音，体会物体能发出多少种声音。提出“一个物体能够独自发出声音吗？物体发声时，我们有什么发现？”建立起“发声时物体都在动”这样的初步感性认识。

（二）故事导入

一位教育家说：“故事是儿童的第一大需要。”儿童喜欢听故事，尤其是低年级学生，教师采取为学生讲寓意深刻又幽默轻松的故事、典故，能吸引儿童的注意力，引导学生积极思考。

例如，讲“磁铁游戏”时，可利用“宫门捉刺客”的故事导入：

教师：同学们，大家都知道秦始皇是一个胆小、狡猾的皇帝，他阴险狡诈，杀人无数，每天晚上睡觉时都担心有刺客来刺杀他。后来，他修了一个宫殿，并做了特殊的宫门，每当刺客要来行刺的时候，一到宫门前，兵器就会自动被宫门缴获，这就是“宫门捉刺客”的故事。

教师：听了这个故事，你有什么感兴趣的问题吗？

学生：为什么宫门可以捉住刺客？

学生：我猜宫门内肯定装有什么机关？

教师：到底装着什么机关，你能大胆地猜想一下吗？

教师巧妙地利用古代故事设置悬念，使学生为了揭开这个谜底而始终处于高昂的情绪之中。

又如一位四川的老师为“猜猜我是谁”一课设计的导入：

“有一天，一位老人走在路上滑了一下，手上拿的东西也掉了，这时来了两个人，把老人扶起来，帮他拿东西，还送他回家。这位老人很感动，不知道他们的姓名，只知道他们是我们学校的老师。我把老人说的特征描述出来，大家猜猜是谁？”

讲故事创造情景符合学生的好奇心理，尤其是对低年级的学生。它给学习营造了欢乐的气氛，活跃了课堂，激发了学生的兴趣，使学生在快乐轻松中学习知识。

（三）游戏导入

游戏对学生具有很大的吸引力，能使浅显平淡、枯燥无味的教学内容变成充满乐趣的学习活动，融知识教学于欢乐之中。科学教学活动中，根据学生心理特点和教学内容，设计各种游戏，能满足学生爱动好玩的心理，营造一种愉快的学习氛围。游戏活动一般有比赛、表演、角色扮演等。例如，训练学生用眼睛观察物体，可以先做一个游戏：各组把老师事先准备的纸片散放在桌上，每组由一名同学按老师所说的颜色和形状把纸片找出并举起，比赛哪个组的同学颜色和形状认得最多。重庆市刘云老师为教科版“我的手”一课的导入做了这样的设计：

教师：同学们，老师说一个谜语给大家猜——兄弟整十个，高矮各不一，左右分两排，五个为一班，只要团结紧，填海又移山。

学生（齐答）：手！

教师：对！今天我们就来研究手。（教师板书课题）要注意的是游戏是活动方式而不是目的。游戏的目的是激发学生兴趣，还要与所要学习的科学内容有关系，引发学生自主地发现问题。

（四）视听媒体导入

多媒体技术有极丰富的表现力，它能提供的是多种感官的综合刺激，这对激活学生的思维非常重要。如苏教版“认识船”一课的导入可设计为：

电脑屏幕上不断展现帆船、客船、货轮、水翼艇、航空母舰的图片。

提问：你知道这些船的名称吗？

揭题：今天我们就来“认识船”。

又如“鱼”一课的导入设计，上课时让学生观看“类似鱼的动物”的录像，让学生辨认录像中哪些动物是鱼，哪些不是鱼。鱼是学生比较熟悉的动物，但是对鱼的认识不全面，没有完全掌握鱼的特征，学生的回答往往不正确。教师指出，要在类似鱼这类动物中准确判断是鱼或不是鱼，就必须学习鱼的有关知识。学生为填补知识的缺陷，带着强烈的求知欲望学习鱼的特征，效果很好。

录音也可用于科学课的导入，如“声音是怎样产生的”一课可设计为：首先，请同学们闭上眼睛，静静地听。（播放录音：风声、雨声、雷声、少先队鼓号声、自行车铃声、汽车喇叭声、寒山寺钟声等各种声音）听到什么？是什么物体发出的声音？

提问：关于声音，你想研究什么？（把学生提的问题简要地进行板书，其中“声音是怎样产生的？”这个问题板书在黑板中央）今天我们首先来研究声音……

（五）谈话导入

语言是教学过程中师生间信息交流的主要途径与方法。师生间亲切的谈话、友好的交流，能有效地缩短师生间的距离，引起学生积极思考。谈话导入尤其要注重语言的艺术性，通过抑扬顿挫、声情并茂的语言设置悬念，能激发学生的兴趣。

例如，江苏无锡的老师陆逊在执教苏教版“摩擦力的秘密”一课时是这样导入的：

教师：同学们，老师这里有两双鞋，一双鞋底是有花纹的，另一双鞋底是光滑的，你们选择穿哪一双呢？

学生：我会选择鞋底有花纹的。因为鞋底有花纹，凹凸不平，就可以防止摔跤。如果选择鞋底是光滑的，在有水的地方，不小心会滑倒的。

教师：哦！他是这样想的。其他同学，你们怎么想呢？

学生：我觉得爬山的时候穿鞋底有花纹的鞋比较好。因为爬山时路高低不平，穿鞋底有花纹的鞋不容易摔跤。如果穿鞋底光滑的鞋子，我们很容易滑倒。但是穿鞋底没有花纹的鞋子，我们在比赛跑步的时候，跑得比较快一些。

教师：她是这样想的，你呢？

学生：我觉得我要穿鞋底有花纹的那双。因为在跑步的时候，体育老师要求我们跑到有墙壁的地方再往回跑，如果穿那种鞋底很光滑的鞋，就会刹不住脚，人就会撞到墙上的。

教师：你们的生活经验真丰富，刚才三名同学各有各的想法。那么哪个同学的想法更有科学道理呢？你们想研究吗？

当然，除了上述几种导入方法及他们的组合外，还可以采用开门见山直接引入的方式，如“蚂蚁”一课，教师做这样的导入：“我知道同学们非常喜欢探索大自然的奥秘，尤其是喜欢研究大自然中各种各样的小动物。这节课，我们就一起来研究一种小动物——蚂蚁，好不好？”总之，课程的导入方法要结合教学内容、教学对象、教学媒体、实验器材以及教学环境等实际情况，以“为学生学习新知营造一个愉悦、和谐的教学氛围，激发学生学习的兴趣，唤起学生学习的自觉性和创造性，让学生愿学、善学、乐学”为目标，真正实现小学生的科学启蒙教育目标。

三、导入技能的应用要点

导入新课的目的在于引起学生在思想上产生学习新知识的兴趣，学生有了这样的兴趣，才能全神贯注地进行学习。

（一）时效性

新课导入要有生命力，就必须有时效观念，注意减少无效益的时间，以提高新课导入的教学价值。为使新课导入更有成效，教师应该根据学生原有的知识结构和思维走向，结合教材内容，精心设计导入环节，努力使新课导入具备简明扼要、通俗易懂的特色，让科学课一开始就富有吸引力，使学生产生学习兴趣。

（二）针对性

新课导入必须根据小学生年龄和心理特征，针对不同年级、不同教材、不同条件、不同环境、不同时间，设计相应的导入方法，尽可能顺应学生的心理需求。同时，新课导入还必须与课堂教学有机结合，针对教学内容、教学目的、教学方法，选择恰当的导入方法，以利于提高课堂教学效果。

（三）趣味性

心理学研究表明，兴趣是学生主动学习、积极思考、探求知识的内驱力。因此，新课导入要着眼于兴趣的渗透，以利于激发学生的学习兴趣，增强学生的求知欲，调动学生的学习积极性，只有这样才有利于引导学生自觉主动而又愉快地学习新知识、探求新知识、理解新知识和掌握新知识。

（四）整体性

新课导入不是一个孤立的教学环节，它常常跟复习旧课、讲授新课、巩固新课等构成一个整体，每一节课的知识点与前后课程构成一个整体，数十个学生个体构成一个学生整体。因此，新课导入既要有教学的整体观念、知识体系的整体观念，还要有学生的整体观念。那种凭教师自己的兴趣而夸夸其谈、口若悬河的新课导入是没有积极意义的。

四、演示技能

演示技能是教师运用实物、样品、标本、模型等进行表演和示范操作，来创设情境、说明和印证自然过程和知识的教学行为，是科学教师的主要教学技能之一。

（一）运用演示技能的目的

演示在教学中能起到“百闻不如一见”的作用，既有形象信息，又有语言信息，它的主要功能如下：

1. 提供丰富的感性材料

人的认识过程的起步，是从感性认识开始的。小学阶段的学生，由于生活经验的局限，头脑里储藏的感性材料还不够丰富。他们的思维正处于从具体形象思维为主向抽象思维为主过渡的阶段，他们需要用自己的感官去感知事物，形成生动真实的表象，进而形成概念、认识规律。小学阶段，受实验材料、学生技能、安全等多方面的制约，一些科学现象可通过教师的演示丰富学生的感知。例如，小学科学“冷和热对物体的影响”一课需要通过实验探究物体在受热遇冷后的状态变化和体积变化的规律，学生在认识了液体、气体具有热胀冷缩的性质后会很自然地想到另一个问题：固体会不会也热胀冷缩呢？铜球的热胀冷缩实验是一个典型的观察材料。这个教学活动中，学生往往会不自觉地用手触摸加热后的铜球，从安全角度可以考虑由教师进行演示。

2. 点拨学生的探究思路

在科学教学中，越来越突出学生的自主探究。演示实验的定位不应是一种简单的验证实验，而是一个颇具新鲜感和创造性的过程。教师的演示往往引发学生提出问题，促进学生思考和探究，其作用已经转向了点拨。例如，在教科版“奇妙的指纹”一课中，教师在表演了用铁粉“扫”出的指纹后，让学生玩指纹，在玩指纹前，教师只问了一个问题："如果让你把指纹印在纸上，你可以用什么方法?"这时，学生讲出了用印泥、水彩笔涂、透明胶带等许多方法，教师再让学生选择其中的一到两种方法来取指纹，学生的探究就变得十分顺利。

3. 培养学生的观察能力

演示是培养学生观察能力的重要环节。对于小学生来说，他们往往缺乏观察能力，不能把握实验观察的要领和重点，同时小学生自控能力弱。因此，教师在每一个演示过程中，要让学生明确如何观察、重点观察什么，使学生明白细心而有序地观察是进行科学探索的起码要求。例如，演示"空气成分"的实验时，首先在水槽里放入适量的带有颜色的水，将一只点燃的蜡烛放在水槽中间，再用上面有开口的玻璃钟罩把正在燃烧的蜡烛罩上。然后让学生逐步观察：玻璃钟罩内的水和水槽的水是否在同一水平面上？玻璃钟罩内的蜡烛熄灭后，水面会升高吗？上升多少？再分析水面上升的现象说明了什么。这样，一步步地进行启发引导，带着学生按照顺序进行观察、分析，使学生可以确信空气中至少包括两种无色、无味、透明的气体。在培养学生观察有序性的同时，也在培养学生思维的有序性。

4. 激发学生的学习兴趣

新颖生动的演示，熟练、协调、优美的示范表演，能激发学生探索求知的好奇心，活跃课堂气氛，提高学习兴趣，集中注意力。好的演示实验，往往使学生过目不忘，有助于学生牢固地掌握知识，激发学习的主动性和积极性。例如，教师通过出示一个乒乓球和一支锥形漏斗，将锥形漏斗的口朝下，乒乓球置于漏斗中，提出："如果朝漏斗口用力往下吹气，乒乓球会做怎样的运动?"学生一般会猜测乒乓球会往下飞出去。而当老师演示结果却恰恰相反时，学生感到很奇怪，便很想探究空气流动产生的这种奇异现象。

5. 提供示范性的操作

教师建立正确的动作技能模式，规范地操作演示实验，对学生有很大的示范作用，学生可以学到正确的操作技术和方法。在小学科学课上，一些简单仪器的使用方法（如酒精灯的使用、加热各种物体的方法、正确的过滤方法等），需要通过教师指导下的学生操作，使学生逐步熟悉，如酒精灯的使用，从揭盖、拿火柴、擦火柴、点酒精灯、熄火柴、灭火的全过程需要教师的示范操作，学生才能掌握。

（二）演示技能的构成类型

1. 实验演示

演示实验是教师在教学过程中，配合教学内容而演示给学生看的实验。为了突出演示实验效果，应注意以下几个方面。

（1）演示物应有足够的尺寸、演示物应放在一定的高度上、演示物要有适宜的亮度，这是对演示的基本要求。仪器的重要部位可涂上醒目的颜色，可以突出观察的对象，如杠杆上用红、白相间的油漆涂色。

（2）有些实验也可用实物投影放大，以便学生观察。例如，在研究某种花的时候，为了让全班学生清楚地观察到解剖花的方法步骤，可以把花放在投影器上进行解剖演示，通过投影能使学生看清解剖花的细微动作和方法。

（3）无色物体染色，加大可见度。实验时，将水等无色透明的液体或不易观察的物体，染上易刺激学生视觉的颜色。例如，在做光的直线传播实验时，为了让学生看清光路，在光的传播路径上喷上烟雾就能清楚地显示出光路。

（4）利用衬幕增强可见度。在遇到演示材料的颜色比较浅时，可在此材料背后加上黑色的衬幕；实验材料颜色比较深时，可在背后放上白色的衬幕，使学生清楚地观察到实验产生的现象。例如，在比较水、牛奶的颜色来认识水的颜色时，在装水和牛奶的烧杯后面放上一块黑色硬纸板，效果会很好。

2. 模型演示

这类演示包括实物标本、模型图片、现代教学媒体演示等。

（1）实物标本演示。将野外采集到的植物、动物、矿物、岩石、土壤等制成标本带到课堂，让学生观察它们的形状、颜色、大小、结构，从而认识这些事物的特征、属性、存在环境及发展的过程。

（2）模型图片演示。例如，人体内部构造的实物模型，可以把模型内的器官一个个摘下来给学生看，使学生既了解各器官的形状和功能，也明白了它们在人体内的位置。一些机械的模型，还能清楚地反映出它的构造和原理。

（3）现代教学媒体演示。利用投影、录像、多媒体计算机、网络等多种手段，把文字、图形、动画、影像、声音等有机地集合在一起呈现教育信息，有利于调动学生学习的积极性和主动性。

3. 示范操作

操作是教师进行演示的主要行为，在学生进行操作前教师进行的操作演示，就是示范。教师在演示时的操作应当规范，并做到准确、熟练、快慢适当，器材的摆放、教师身体的位置等都要便于学生观察。同时，还要把握好演示的时机和一些现象重复出现的次数，以利于学生对所看到的现象进行思考。示范时根据动作的难易程度、学生水平的高低和不同教学阶段的任务，可分别采用完整示范、分解示范、慢速示范、重点示范和正误对比示范等。

（三）演示技能的应用要点

为了使演示实验取得好的效果，需要注意以下演示技能的应用要点：

1. 课前做好试演

不论是简单的，还是复杂的，甚至是以前曾做过多次的实验，也要重新试演。一位老师在执教“玩放大镜”一课时，认为放大镜成像这个探究性实验比较简单而没有预先试做，结果课上出现了意外：准备好了纸屏，点燃蜡烛后把放大镜放在纸屏和蜡烛的中间，无论怎么移动、调节位置，纸屏出现的只有对面窗户和窗户外景物的倒像，烛光的倒影却怎么都无法出现（窗外光线很亮，远远超过烛光）。

试演对课堂演示的成功至少有以下几方面的好处：

（1）试演能充分了解实验效果能否达到要求，并使操作步骤正确、动作更加熟练。

（2）试演有利于对演示材料的重新选择。

（3）试演有利于演示故障的排除。

（4）试演有利于选择更好的演示手段。

2. 要把握好演示的时机

演示在教学的不同环节中所起的作用是不同的。在引入新课时，演示主要提供感性认识，激发学生兴趣。在帮助学生建立科学概念时，演示是学生思维的“活化剂”，促进学生主动建构知识。在巩固环节中演示，可用来验证、总结或应用学过的知识。例如，演示水在植物体内的运行，就是植物单元的很好总结。总之，演示放在什么环节进行，要根据教材内容和教学目的并结合教师的理解而定。

3. 设计应简单、可靠，现象应直观、明显

在保证符合科学性的前提下，只要能说明问题，演示必须做到简单、可靠，所用的仪器和操作方法应尽量简单易行。这样就能把学生的注意力吸引到装置的主要部位上来，以减少仪器过多、装置复杂而分散学生的注意力，同时也能使演示在较短时间内完成，如用一条毛巾、一辆玩具车就可演示摩擦力。用两个带有塑料半球的挂衣钩演示大气压，就比用马德堡半球抽气方便。同时，因为演示有时要重复进行，这就要求前后效果一致。要选性能稳定、便于操作的器材。

所谓现象直观、明显就是从演示中可以直接观察到变化过程，无须经过复杂的推理便能直接揭露现象的本质，而过程和现象都要尽可能让全班同学看到。例如，做同种电荷相斥实验，可用泡沫球包一层锡纸再用细腈纶线吊起来。

4. 操作规范、正确

正确、规范的操作是演示成功的基础，也是起到示范性作用的前提。演示过程是在学生高度集中注意力的情况下进行的，教师的一举一动都会给学生留下深刻的印象。教师的很多操作又是小学生第一次看到，一旦给小学生留下不规范的操作印象，将来纠正起来是很困难的。所以，演示必须是规范的，要能为学生起到示范和潜在的模范作用，使学生获得正确的知识，并掌

握规范的操作方法，同时养成严肃认真、实事求是的科学态度。例如，在实验操作中，搅拌溶液时玻璃棒不碰器壁，振动溶液时不外溅溶液。教师的基本功扎实，才能得心应手地把正确的操作方法展现在学生面前，才能培养学生较强的操作能力。

5. 配合演示的讲述要清晰、简练、具体、生动

演示中，学生往往是隔开一定的距离观察，为了避免假象干扰，演示时要提出明确的观察要求，通过一系列的问题，把学生的注意力集中在要观察的事物上。否则学生觉得很好玩，课堂秩序容易乱，演示就失去了作用。

教师在演示的同时，进行必要的讲解或为了配合讲解进行直观教具、实验等的演示，能提高学生的理解力，更好地发挥演示的作用。教师的语言不是直接传授知识，而是指导学生有重点地观察，启发他们思考问题，应引导学生自己得出观察的结论。

第二节　提问与活动组织技能

提问是一种特殊的教学语言，是启发学生思维、进行师生互动的主要方式。出色的提问可以引导学生去探求要达到目标的途径，获得知识，养成善于思考的习惯和能力。从心理学角度讲，课堂提问是一种刺激。美国学者史蒂文斯研究发现，教师在讲课过程中，每分钟约问 2 ~4 个问题，他将提问视为“有效教学的核心”。日本著名教育家斋藤喜博甚至认为提问是“教学的生命”。由此可见，科学教学活动中提问的意义相当丰富。

一、运用提问技能的目的

（一）激发兴趣，集中注意力

教师提问如果能激发学生的学习动机和兴趣，就能为有效学习做出很好的铺垫。教师必须从教材和学生心理特点出发，引人入胜、步步深入地提出

富有趣味性、启发性的问题，用科学的、艺术的、生动的语言，引导学生积极思考。

未知的世界对学生具有很大的吸引力，这种好奇心便是学生对科学学习的内在心理需要。教师针对学生思维特点有计划地提出具有一定挑战性和启发性的问题，能激起学生内部已知与未知的矛盾，使学生的注意力迅速集中到某个特定的科学现象、主题或概念上，产生解决问题的自觉定向。课堂上不管是教师提出的问题，还是由于教师提问学生产生的“悬念”，都是学生求知欲的催化剂。

（二）启发思维，发展能力

学生解决问题的过程就是思维的过程，因为思维总是指向某个问题的。

美国心理学家布鲁纳说：“向学生提出挑战性的问题，可以引导学生发展智慧。”在引导学生建立科学概念、发现科学规律过程中，穿插提问学生或教师自问自答，能调动（刺激）学生思维的积极性，刺激的程度和方式远远超出了一般的讲解。因为教师运用学生已有的知识或他们的社会、生活实践体验，设问诱导启迪学生，使学习内容与学生已有的知识关联起来，使新旧知识相互作用，从而形成新的概念与规律。例如，学习“水的浮力”时提出“铁棒不能浮在水面上，为什么几万吨的船能在水中航行”“人掉到河里会下沉，为什么不会游泳的人能躺在死海上读报”等问题的目的就在于启发和引导学生的思维活动。

在学生回答问题时，要用自己的语言表达对所提问题的理解和看法，既能使学生逐步学会快速地组织语言，准确地表达自己的观点，又能很好地锻炼学生语言表达的逻辑性和灵活性。对培养学生的思维能力、口头表达能力和书面表达能力非常有益。

（三）反馈信息，调控教学

通过提问所接收到的语言反馈信息，比其他形式的反馈信息具有准确性、具体性、即时性和简洁性。它可以使教师当堂了解学生对知识的理解和掌握程度，及时调控教学程序，改变教学策略，使学生更加积极主动地参与教学活动。通过提问调控教学是多方面的，如：帮助学生组织思维（“你能不能从……角度考虑”），组织教学活动（“有多少人已完成实验”），引起学生注意（“你们有没有注意到……变化”），调整学生思考方向（“那很有趣，但是xx刚才说些什吗”），强调重点（“同学们是否记得，我们刚才谈到使用酒精灯要注意什吗”）。

（四）创设情境，促进合作

科学教师要转变过去“带着知识走向学生”为“引领学生走向知识”，变“重教”为“重学”，提倡学生合作探究，经历认识过程。提问能为教学活动的成功进行创造良好的氛围，激发学生对新知识的需要和探究欲望，如在学过实验室常用温度计后，提出如下问题：“有了实验室常用的温度计，就可以用它测量在其测量范围内各种物体的温度。因此，也可以用它去测量人体的体温。试想：用实验室常用温度计测量人的体温合适吗？有哪些缺陷？”提出的问题将激励学生去思考，进行小组合作研究。

可见，提问的功能是多方面的，那种千篇一律地问学生“对不对”“好不好”“是不是”的提问，对学生的思维发展并没有好处。只有善于运用提问，才能促进学生更深入地思考、更主动地参与到学习过程中。

二、提问技能的构成类型

课堂提问虽不是教学过程的独立教学环节，却始终贯穿于教学的全过程。依据不同的标准，提问可分为不同的形式和方法。

（一）认知记忆提问

学生凭记忆回答问题，主要用于帮助学生回忆已学过的内容，如定义、公式、事实等一些基本知识，检验学生是否具备进入下一步探究活动所需的基本知识，起着课堂教学的组织功能。认知记忆提问的思考水平较低，如“……的定义是什么”“是谁发现了……”“蝗虫有几条腿”等。老师所期待的答案一般是固定的、单一的。

（二）思维型提问

学生必须对已有的知识进行加工而获得问题的答案。例如，“如果 A 成立，那么 B 会发生什么变化”“这两者的相同点与不同点在什么地方”等。学生要有更多的思维活动参与，他们必须依据所学过的知识对问题进行分析和应用，提供简单的叙述和解释，提供已知原理的例子。思维型提问能使教学活动向更深层次发展，此类提问一般需依据固定思维结构进行，也常得到某一预期的结果或答案。

（三）探索性提问

探索性提问特别适用于学生的操作性实验活动，对提高学生的能力有很大帮助。探索性提问更鼓励学生多方位、有创意地回答，要求学生灵活地运用已学到的知识对问题进行综合的、更高层次的分析与思考。一般问题以“为什么”开始，如“为什么这些植物比对照组长得好?”“为什么天空是蓝色的?”“我们怎样才能移动这么大的重物?”等。探索性提问属开放型提问，它们的答案往往没有固定模式。

传统的科学课上，教师在课堂上比较倾向于提一些认知记忆性问题，因为这类问题好提易答，信息是知晓的，答案是闭合的。而科学本身充满探究、风险、失败、不确定性和多重性，必须提倡在教学活动中多提出一些开放性、探索性问题。当然探索性提问往往会引起学生热烈的讨论，这对教师在教学进度的调整、课堂纪律的维持、教师本身的知识储备、教学的灵活性上提出了更高要求。

三、提问技能的应用要点

提问是引发学生产生心智活动并进行回答的信号刺激，是促进学生思考的有效途径。从提问的设计、发问、候答、理答是一个完整过程，操作不当将影响教学效果。

（一）课前认真设计

首先，教师对课堂提问的重要性要有充分认识，不要认为课堂提问是一种人人都会、随心所欲的教学形式。没有事先设计好的课堂提问不仅得不到应有的教学效果，有时甚至会影响一堂设计得很好的科学课。因此，教师在备课撰写教案时，要认真设计课堂提问，并按学生的思维水平加以归类，然后再按教学要求全面组织，并注意各类问题要统筹兼顾。好的课堂提问应包含各种层次的问题在内，探索性问题仍需与认知记忆问题、思维型问题为伴。提问的内容必须能够激发学生强烈的求知欲，达到诱导思维、发展智力、培养能力的目的。在学生没有掌握好相关的基础知识前，提一些开放性问题不能收到很好的效果。反之，在鼓励学生进行分析、探究时，提一些初级的闭合性的问题，也会导致“前功尽弃”。

（二）问题要简洁明了

对小学科学教育而言，尤其要注意照顾学生的年龄特征，要用小学生能理解的语言。对提问中的一些“关键词”的选择更要特别注意，提问的形式也要考虑他们的心理特点。一些教师在引导学生进行科学概念学习之前，很喜欢用“同学们，你们知道什么是……”这样的提问作为开场白。实际上，学生还没有学习这个概念，他们如何能回答呢？我们不妨用不同的提问方法。例如，教师在介绍“密度”这个概念时，直接问“同学们，你们知道什么叫密度”，不如问“同学们，你们在平时生活中有没有注意到有一些东西，虽然它们大小一样，可重量相差很大”，这样能引起学生的共鸣，调动他们的学习积极性。

提问要明确，一是要抓得准，摸得透，有的放矢；二是要措辞确切，尽可能从一个角度去问，不至于产生歧义。不明确的问题会使学生的思维缺乏定向，失去目的性，如讲“热胀冷缩”时，提问“水受热后会怎样”，这一问题的答案有很多：“水受热后会蒸发”“水受热后会沸腾”“水受热后体积会膨胀”等。若问：“水受热后体积会发生怎样的变化”，学生就能准确回答。

（三）问题要面向全体

课堂提问必须面向全体学生。我们要经常提醒自己，教师上课提问不管是闭合性的还是开放性的，目的不仅是寻求学生们的正确答案，而且要唤起每一个同学的参与和思考。所以，即使一个同学答对了，并不等于全班同学都在听这个同学的回答，更不等于全班同学都明白了问题的答案。有经验的教师会把这个同学的回答在全班重复一遍，保证全班同学都能理解，对一些关键性的问题还可重复性提问。对一些平时成绩较差的学生更要注意他们的反应，如果发现他们仍然不清楚，需要再进行辅导。教育心理学研究表明，在科学教育课堂上，被提问的频率与学生的性别、成绩、座位等密切相关，这需要教师引起注意，并认真克服自己一些不好的习惯（如有的教师觉得“提问优生省时省力省心，提问差生是费力费心”，也有的教师把提问作为“教训、讽刺、挖苦学生”的工具）。我国小学科学教育的根本目标不是仅培养一小部分成绩优异的学生，而应该是立足于全体学生科学素养的培养和提高，这是需要我们时刻记住的。

（四）把握好提问时机

问得过早，学生思路跟不上而觉得突然；问得过晚，就如同“马后炮”起不了作用。因此，教师要善于观察，注意学生的表情和反馈信息，及时提出问题。

首先，课堂提问应根据学生在学习过程中显示出的心理状态加以把握。课堂提问的时机主要有哪些呢？当学生思维囿于一个小天地无法突破时；当学生受旧知识影响无法顺利实现知识迁移时；当学生疑惑不解、一筹莫展时；当学生胡思乱想、精力分散时；当学生有所感悟、心情振奋、跃跃欲试时。

其次，教学需要也是课堂提问时机选择的重要依据。一般当课堂教学进行到教材的关键处和学习过程的关键环节时，都要通过提问进行师生互动，如引导学生把科学观点分类、提出研究方法、解释数据等，提问是必不可少的。

再次，教学进程也是把握时机的决定因素。教师可根据教学进程中的具体情况灵活选择提问的时机。例如，“你看到什么?”这类以事实为导向的问题，可用于启发全班学生最初的回答；为了引导更多学生参与到讨论中，可提出“谁还能想出另外的原因”之类的问题；需要重新组织起快要结束的讨论，如讨论空气污染，学生将他们的意见集中在汽车尾气的影响，当他们的叙述变得重复且缺乏新的观点时，可提出“如果我告诉你们工厂对空气污染的影响要比汽车大，那会怎样?我们应该关闭所有的工厂吗?”讨论就会出现新的观点。

（五）留有足够的等待时间

提问的等待时间（也称候答）有两种：教师提问后等待学生回答的时间以及学生回答后教师做出反应前的时间。

教师把问题说出之后，要留有充分的时间，让全班学生思考一番，然后再点名回答。研究者发现，当教师试图将他们自己的问题和学生回答之后的等待时间延长 5 秒钟或更长的时间，会出现以下现象：学生答案的长度增加了；学生被做出的答案的数量增加了；不回答的情况减少了；以教师为中心的谈论减少了，以学生为中心的谈论增加了；推论性和推测性思维的数量增加了；学生提出的问题数量增加了；“迟钝”学生的贡献增加了；纪律问题减少了。

因此，提问之后留有时间让学生思考，以期达到调动全体学生思维积极性的目的。延长等待时间，同时能增加学生的自信心，能吸引更多成绩差的学生参加。反之，让学生马上回答问题会明显地减少教师和学生间、学生和学生间的互动。教师还要学会更耐心地听取学生的回答，因为这时是学生心理活动最活跃的时间，不要急于做出答案对错的反应或转向另一个同学。

另外，教师应观察学生对提问的反应。如学生举手表明他已思考成熟或者愿意积极地回答这个问题，但也会出现很多同学非常踊跃举手要求回答（尤其是低年级），实际上有很多学生没有真正理解问题。教师要善于从学生“微微张开的嘴”“注视的目光”“前倾的身体”等捕捉有价值的信息。

（六）理答的艺术处理

教师对学生提出答案或回答后的处理称为理答。在理答中，要注意以下几点：

1. 认真倾听

对学生答问时要仔细听，认真观察。一方面，老师关心和重视的态度对学生具有鼓励作用；另一方面，只有仔细听，才能准确获得反馈信息，对学生的答案做出合适的评价。

2. 反馈激励

如果学生问题答得不够全面、深刻、正确，老师要及时调控，或变换提问方式，或限制范围、指明方向，以帮助学生确定思维方向，迅速而准确地回答问题。但应注意允许学生有各种思想，切忌机械地用“标准答案”去衡量学生的回答。

3. 匡补探究

学生回答要在较短的时间内，完成对所学内容的吸收、分析、推理、综合、归纳，由于学生水平、能力的限制，因而考虑不周、理解片面，甚至答错是在所难免的。老师要引导学生再思考，必要时可采取老师补充说明、追问、思路引导等，让学生经过充分思考，做出正确的回答。

4. 归纳答案

学生的回答，有对有错，要让学生对问题有一个正确的理解，必须对正确的、可接受的部分加以总结。

俗话说：“提出问题是解决问题的一半。”提问往往贯穿教学全过程，对整节课的教学成败起关键作用。科学课上，教师要努力让每个问题成为“有效教学的核心”，成为开启学生思维的闸门和新的探索活动的起点。教师不仅要善于提问，更要注意培养学生自己提出问题的能力，让学生自己提出问题、讨论问题、解决问题，主动参与到学习中。

四、活动组织技能

我国小学科学课程强调树立以“活动为载体”的基本理念，“用丰富多彩的亲历活动充实教学过程”。科学教学过程由一个个多方向、多层次、多类型的活动组成，学生参与科学的学习就是参加一个个活动。正如路培琦所言：“活动好比一条船，在活动中让学生的知识、能力、情感等方面都得到很好发展。”《小学科学课程标准》中提出了专题研究、情景模拟、科学小制作、讨论辩论、种植饲养、科学游戏、信息发布会、报告会、交流会、竞赛、科学欣赏、社区科学活动、家庭科技活动、角色扮演、科学幻想等多种教学活动形式。《小学科学课程标准》认为，教师是科学学习活动的组织者、引领者和亲密伙伴。活动已经成为科学教学的主要组织形式，但活动的空间大、干扰因素多，加上儿童的年龄特点，往往会出现“无序”的现象，这对习惯于“整齐划一”模式的老师无疑是一种冲击、挑战。因此，每一位小学科学教师都有必要去提高活动组织的技能，在活动的设计和实施中必须考虑活动的安排是否细致、合理，是否为不同类型的学生创设了参与活动的可能性，在活动的过程中教师是否扮演了恰当的角色等。

（一）运用活动组织技能的目的

活动能满足小学生好奇、好胜、好强、好表现等心理特点。活动组织技能对科学教学有控制、调节的作用，将充分发挥教师的主导作用和确立学生在活动过程中的主体地位。

1. 引导学生主动参与教学活动，促使学生自主学习

要充分发挥活动在科学教学中的作用，一方面要鼓励学生主动参与、主动探索、主动思考、主动实践、自主发展，教师不能事事包办，应该放手让学生去做；另一方面，学生在活动中要手脑并用、眼耳并用，活动应该有严谨的计划，在选题、分组、调查、查找资料等方面，教师要给予具体有效的指导，适当进行调控。此外，教师还应该成为学生学习的促进者，在学生遇到困难时，要给学生提供一些方法和思路，启发学生深入地进行探寻。在教师的组织与调控下，使学生最大限度地参与到活动之中，主动探究各种科学信息。如果简单地把活动组织理解为维持纪律，学生不能自主活动，其结果必然使学生失去学习兴趣，也将使整个教学过程背离教学目标。

2．维持良好的活动秩序，建立和谐的教学环境

良好的活动秩序、和谐的教学环境是科学教学活动有序进行的基本保证。对室内的活动，可通过正面提醒和巧妙利用提问、演示等技能，交替引起学生的注意，使学生将注意力集中到活动主题上。一些室外活动，必须在活动前向学生提出恰当合理的要求，注意个人、小组与全班活动的有机结合，同时进行必不可少的安全教育。提出要求并不是简单地告诉学生该干什么，而是对学生说明应该进行什么活动，为什么要进行这项活动，怎样进行这项活动，以及在时间和纪律等方面的要求，从而保证活动的顺利开展。

3．提高活动效率，培育良好的学习习惯

科学教学活动的目的在于促进学生能力、动机、个性的发展。在活动中，要使学生有较大的收获，教师的组织和指导不可或缺，其主导作用体现在活动设计、选择和设计实物教具、记录课堂中发生的情况、促使学生主动去探索发现等。只有进行行之有效的组织工作，才能使学生在活动中有序、高效地学习。例如，组织学生开展科学探究学习活动，如果一味地追求问题要由学生自己提出、方案要由学生自己设计、探究要由学生自己展开、答案要由学生自己得出，会让学生长久地处于无助状态，出现不知做什么或怎么做等现象。所以，组织活动时，教师适时、适度地介入是十分重要的。

（二）活动组织技能的类型

活动组织技能按照功能的不同可分为管理性组织技能和指导性组织技能两大类：

1．管理性组织技能

管理性组织技能是指教师引导学生遵守活动纪律，建立和谐的教学环境的技能。

为了使教学活动顺利进行，必须有相应的纪律保证。当然纪律的好坏，并不以绝对安静和学生的“循规蹈矩”为标准，而是既要使活动有序，又不能让学生感到压抑。对室内活动秩序的组织管理，一方面应与教学内容紧密结合，注意教学方法和教学手段的启发性与趣味性，努力调动学生的积极性。

另一方面，需要教师关心和爱护学生，从学生的角度理解他们存在的问题，在纠正学生不良行为时应尽力采用目光注视、暗示、停顿吸引等方式。对室外尤其是校外活动，由于学生到新环境后容易兴奋，注意力分散，不安全因素较多，活动前必须做周密的安排。让学生知道活动的目的，并根据活动的目的去选择活动的方式和材料；加强安全教育，防范一切可能发生的意外；做好分组工作，发挥同伴的教育作用；注意活动后的检查与评价，使活动落到实处。

2. 指导性组织技能

指导性组织技能就是教师引导学生参与教学活动，调动学生的积极性，完善教学结构的技能。学生的活动离不开教师的组织和引导。为了使学生能主动地参与活动，迅速地投入学习，需要教师及时发出指令或灵活运用各种教学技能，保证教学环节的顺利承转和衔接。例如，根据不同类型活动的特点和要求，以及学生心理发展的不同阶段，选择甚至创新指导方法。当然，面对一些需要教师引导的活动，教师不是以真理的垄断者或是非的仲裁者自居，而是应为学生提供更宽阔的思路、更广阔的视野和更丰富的选择。以科学课上常用的探究活动为例，一旦学生心灵深处“希望自己成为一个探索者、发现者”的愿望被激发，课堂就可能成为“混乱”的海洋：轻声地商量、大声地讨论……这是一个焕发着活力的课堂。教师有必要适时引导学生将“无序”活动中的思维过程有序地说出来，从“自我”的角度进行整理与加工，从无序回归到有序，这样才能使活动达到应有的效果。又如，若发现学生在合作中分工不清、讨论无序或偏离主题，要及时帮助学生明确分工，指导学生围绕问题进行讨论，及时把学生的讨论带回主题。在学生找不到解决问题的方法时，要注意做好点拨，引导学生寻找解决问题的恰当方法和途径。

（三）活动组织技能的应用要点

活动组织技能是一项比较复杂的技能，由于各种活动形式特点不一，活动组织中的关注点也不尽相同。一般来说，活动组织技能包括提出要求、安排程序、指导引导、鼓励纠正和总结等要素。在教学活动中，除了有意识地熟练这项技能外，还应注意以下几个方面。

1. 言传身教与严格要求相结合

身教在组织活动中有着重要的作用。教师通过自我形象和动作行为所发出的信息，往往比语言指令有更强的引导性。例如，活动中教师的举止、行为、态度对学生是一种无声的教育。但小学生还没有达到心理上的成熟阶段，完全靠自觉是不可能的，时间也不允许。活动中，对于一些事关集体荣誉、社会公德、个人安全的问题，教师要有硬性的规定。校外的参观、考察等活动，必须有严格的统一要求，才能达到全体学生的协调一致。

2. 面向全体学生，适当照顾差异

科学教育要面向全体学生，使每个学生的科学素养得到提高。因此，教师在组织教学活动时，必须首先考虑大多数学生的实际情况，以大多数学生均能适应为宜。如果只注意成绩优异的学生的需要，就可能使大多数学生难以适应，跟不上教师的组织引导，不能按照教师的要求去活动，最终失去信心。如果过分照顾基础薄弱的学生，又可能使活动的要求过于简单，使大多数学生感到索然无味，失去学习兴趣。一方面，可设计不同层次的活动要求，供学生自由选择；另一方面，充分利用活动中的小组协作，发挥每个人在活动中的作用。

3. 用有结构的材料调控活动过程

成功的小学科学教学离不开有结构的材料。教师提供丰富的有结构的材料，能使学生在无意间全身心地参与到活动中，这种没有强压硬灌的操作能更好地让学生去发现问题、解决问题，教师不至于为课堂的“纪律”而操心。例如，在“鱼的观察”一课中，教师提供给学生一条金鱼、一条鲫鱼，要求学生仔细观察，做好观察记录，然后交流。通过交流，相互弥补观察的不足——观察是否全面、是否进行了动态和静态观察等。要求学生再观察，补充记录，使学生的观察具有全面性和深刻性。将两条鱼进行比较，再对共同特征进行归纳——得到鱼的共同特征。利用两类鱼作为学习材料，学生可通过相互间的观察交流和比较观察，使观察活动自然、有序地向纵深发展。

4. 突出活动的安全性

各种科学活动中，要让每一个学生都有安全感。既能愉快地参与活动，掌握一定的知识和技能，受到较好的教育和熏陶，又不使学生的身体受到伤害。因此，教师在安排活动内容、地点时一定要考虑安全因素。对校外活动，教师要十分了解活动区的不安全因素，如地形地势上的安全隐患、有毒生物的分布与特点，事先告诉学生并教会学生自我保护的方法。告诫学生不喝不明环境的水、不认识的植物不入口、接触有毒生物要及时洗手等。活动前要讲清要求，准备生活用品和常用药品等，活动时要随时提醒学生统一行动、禁止单独行动，活动后要进行总结评比，促进学生养成良好的行为习惯。例如，在组织学生采集岩石时，教师首先讲明采集的要求，强调采集纪律，然后分小组开展活动。采集过程中教师要观察学生采集的情况，随时提醒和纠正学生不正确的敲击方法、提醒和嘱咐学生不要在岩石堆上跳跃或追逐、敲击石块时防止碎片伤人。采集结束时，检查评定采集活动的情况。

5. 交替变换活动内容和形式

针对小学生自制能力、预测性较差的弱点，要控制好他们活动的时间和总量。教师组织各项活动时，应注意室内和室外、动与静、脑力与体力、个人与集体活动项目的交替搭配，有利于调节情绪、增强效能。同一项目的多次活动更要注意变换形式，使学生有新鲜感，始终保持浓厚的兴趣。

第三节 小学科学课堂有效性提升的教学建议

教学建议的提出是为了应对在新课标中提出的四个小学科学教学目标。针对每一个教学目标都提出了相对应的教学建议。

一、科学知识的学习方面

学习科学知识是学习科学的基础。小学科学中包含了物质科学、生命科学、地球与宇宙科学、技术与工程四个方面。它包含了很多学科的基础知识，学好科学知识就是在为学生今后的学习打好基础。

学习科学知识非常重要，但是同时也要顾虑到学生的年龄和认知特点。不能把科学课变成死记硬背的课。科学课中的科学知识部分非常重要，但是不能只有科学知识。大多数的科学知识尽量引导学生在自主、合作、探究中发现，研究者认为给时间指导学生思考比教师直接给出结论要好。

有些知识比较难理解，这就需要教师想办法帮助学生理解。教师应该在课前做好充分的准备，一些难点问题要找出视频帮助学生理解。网络日益发达，尤其在城市中的学校，每个班级有电脑，教师可以在课前查找资料来辅助教学。

科学课是比较难教的课，这主要就是因为科学知识繁杂，有些内容教师都需要询问其他教师或查阅资料才能明白。例如：教师在刚担任科学教师时，不清楚花生的果实和种子有什么区别。后经过其他教师的讲解才清楚。大学阶段没有开设科学教学科目，一般的大学生都是学习某一学科的专业知识。这样就造成了像科学这种综合型的学科中的很多知识不容易被理解，教参中还没有体现。这就需要科学教师们积极进行集体备课，把这些科学知识研究清楚，找出适合的教学方法。

二、发展科学探究能力方面

新课标中关于倡导探究式学习的内容在各个方面都有体现，足见倡导探究式学习对于小学科学教学的重要地位。

对于探究式学习，新课标中这样解释：探究式学习类似于科学研究的方式。也提出了指导学生探究式学习时应注意的问题：重视探究活动的各个要素；精心设计探究问题；处理好探究式学习中学生自主学习和教师指导的关系；不要把探究式学习作为唯一的科学学习方式。

探究式学习就是把科学研究的理念放到了小学生的学习中，从小培养学生的探究思维。那么在课堂上增加探究式学习就变得至关重要。学生都有探究的热情，但是他们并不清楚探究到底是怎么回事。探究是一种理念，也是一个提出问题——分析问题——提出假设——检验假设的过程。探究需要学生具备很多种能力，包括思维能力、实践能力和创新能力等。

探究式学习就是要学生自行思考，自己动手完成。那么教师要留给学生思考的空间，提出的问题要以启发学生为主。遇到问题尽量让学生来解决，教师只在一旁引导。因为学生的逻辑思维能力还不够强，所以回答问题不是很准确，教师不能直接否定，而应鼓励学生。学生提出的假设无论准确与否都需要验证，教师可以从旁引导。倡导探究式教学实质上是改变师生的关系，要以学生为主体，教师成为引导者。这需要教师改变以前的观念，给学生更多的发挥空间，小学科学虽然知识点较多，但学生通过提出问题、分析问题、提出假设、检验假设所得出的结论，会使他们印象更深刻。

三、科学态度目标教学方面

关于科学态度，新课标中强调了两个方面：一是要保持和发展学生对自然的好奇心和探究热情，二是促使学生形成尊重事实、乐于探究、与他人合作的科学态度。

（一）保持和发展学生对自然的好奇心和探究热情

要保持和发展学生对自然的好奇心和探究热情，就需要教师以学生为主体，把学生的需求放在首位。学生天生的就有对自然的好奇心和探究热情，那么教师要做的就是不去压制学生的好奇心，不干预他们的探究。

教师应该想办法让自己更加贴近学生的学习和生活，使自己和学生站在同一个角度思考问题，这样才更容易保持和发展学生对自然的好奇心和探究热情。

“学生提问活动”就是在下课之前给学生两分钟时间向科学教师提出至多三个与课程相关的问题。因为学生们很喜欢这种新颖的提问方式，所以他们都积极参与提问活动。他们提出的问题五花八门，有一些同学会提出一些和课程相关的延伸性问题。例如：老师，碳酸饮料能灭火吗？老师，铜车马是和正常的车马一样大吗？还有一些同学只是抒发一些感慨。例如：老师，书上的图片太吓人了。还有些同学对教师的隐私更感兴趣。例如：老师，你有男朋友吗？老师，你喜欢×××吗？教师会选择一些问题来回答，得到的同学都非常高兴。

学生提问的过程就是一种探究过程，即使他们的问题与课程无关，他们在提问时也进行了大量的思考。教师引导学生提问就是在保护和发展他们的好奇心和探究热情。教师和学生通过提问也拉近了彼此间的距离，这样就更有利于科学教学。

（二）形成尊重事实、乐于探究、与他人合作的科学态度

小学生年龄较小，他们对世界的认知还存在很多误区。引导学生尊重事实就变得尤为重要。在学习科学的过程中，他们会发现很多与他们的印象或想象不同的事物。那么教会学生尊重事实需要教师把更多的科学现象展现给学生，指导学生发现事实。

合作在社会上的各个方面都显得非常重要。从小教导学生乐于合作、善于合作，是为他们今后的学习打下基础。

给学生分组就是希望他们可以在小组内合作，使他们了解到，自己一个人无法完成实验，需要与同学合作。分工合作、各司其职才能让合作更长久，小组中的每一个同学都要有自己的责任，必须每个人都做好自己负责的部分，这个小组才能取得成功。使合作精神扎根在他们的心中，培养他们乐于与他人合作的科学态度。

四、科学、技术、社会与环境目标教学方面

首先，要给学生一种观点，就是学习科学就是为了应用到生活中。把学习科学和日常生活联系起来，这样学生既喜欢学习科学了，又善于观察生活了。

其次，在教学过程中教师不仅要使学生感受到科技进步对人类社会的影响，还要引导学生了解人类的需求，促使科技不断进步。

最后，在学习科学的时候，把保护环境的意识传递给学生。例如：“我们

周围的空气”一单元的最后一课是“空气也是生命之源”，通过对比被污染的空气和清新的空气，让学生来选择喜欢的空气来增强他们的环保意识。

五、结语

有效教学不仅需要提高教师的教学水平还需要学生的积极参与。有效教学的基础就是以学生为主体，学生在课程中处于最重要的地位。为了能激发起学生的学习兴趣，教师需要增加课程的趣味性，来引起学生的好奇心和求知欲。为了提高教学的有效性，教师在课堂上要有自己的设计，设计启发性的问题，改变原有实验中不合适的部分。理论联系实际也是提升课堂有效性的方法之一，把学习内容和日常生活联系起来，使学生能够发现更多生活中的美好。提高课堂有效性需要多方努力，特别是一线教师需要更多的学习和尝试。

第三章　小学科学教学设计与实施

小学科学教学是一项以培养学生的科学素养为目标的教育实践活动，是围绕教学目标而进行的师生合作的实践活动。小学科学的实践活动能使学生在科学探究学习中掌握基础知识及探究技能，发展学生的智力，培养学生的能力，全面提升学生的科学素质。为了达到小学科学的教学目标，教师必须依据一定的教学思想或教学理念，结合自身对教学内容、教学过程的理解和认识，借助一定的教学手段和教学方法对师生共同合作进行的实践活动进行周密而科学的筹划和思考。

小学科学的教学设计是为小学科学的教学目标服务的，而教师的行为是为学生服务的，教师在教学活动中要发挥设计者、组织者、引领者和合作者的作用，和学生一起完成科学探究活动。教师在教学设计活动开始之后，首先要做的是了解学生的已有认知水平和认知结构，创造性地开发可供利用的教学资源，然后设计好教学环节，这样才能有效地组织课堂教学。当然，由于教学内容不同，学生的原认知不同，学生智力和能力水平不同，教师设计教学活动时还要考虑教学方式和方法的可变性。

第一节　小学科学教学设计

一、小学科学教学设计的概念

为了有效地实施新课标引领下的小学科学教学，体现新课程教学过程的特点，达到培养小学生科学探究兴趣的长期性和提升小学生科学素养的目标，小学科学教师必须构建与教学过程本质特点相匹配的教学设计。小学科学的教学设计就是指小学科学教师为达到一定的课程目标和教学目标，对教学活动进行的系统规划、安排与决策。具体地说，小学科学教学设计是指小学科学教师以现代教学理论为基础，依据学生的特点和教师自身的教学风格，借助现代的教学理念和教学经验，运用系统的教学方法和手段，确定教学目标，分析教学中的问题，建立解决问题的步骤，合理组合和安排各种教学要素，为优化教学效果而制定的实施方案。

小学科学教学设计是教好小学科学的前提，是促进小学科学教师理性地思考教学，提升自身教学能力，提高小学生的科学素养，促进学生保持对科学的兴趣和探究能力的主要方式之一。

二、小学科学教学设计的特点

（一）教学设计是多种教学理论的融合体，教师是这一融合体的实际设计者

小学科学教学活动虽然看似简单，却承担着培养小学生科学素养的任务，教学活动中涉及的教育理论有布鲁纳的发现教学理论、皮亚杰等的建构主义理论和加德纳的多元智能理论等。在小学科学教学活动中，探究性学习、合作学习等教学方式也是一直与学生相伴。小学科学教师在设计小学科学教学活动时要巧妙地将上述教学理论和方式融入教学过程，使之通过师生的科学

探究活动转化为小学生科学素养的提升。教师在小学科学探究活动中，是一个不折不扣的设计者和实践者。

小学科学教师要设计出体现上述教学理论思想的教学活动必须有体现新课程理念的意识。新课标下的教学设计意识是相对原先教师备课意识而言的。

传统的备课是将重心放在分析教材、梳理知识、强化知识教学等方面，其主要职能是实现与强化教材、教学思考的权威功能与诠释作用，缺乏教师自己的教学创意、教与学的互动设计、学生学习兴趣的激发等，如果说教师有教学创意的话，也是如何将知识教学进行得更深入一些。在新课标的理念下，教师教学设计的意识主要体现在应用新课标的教学理念和教学方式上，实现小学科学的三维目标，如将教材作为教学活动的载体和媒介之一，要从“施工图纸”式的教案向“探究”式的教学设计转变，要从知识性的备课向发展性的教学设计转变。

（二）教学设计的实质是对小学科学课程的二次加工

在小学科学教学活动中，教师与学生是课程的创造者，只有在教师和学生共同参与课程的创造中，才能创造教学可持续发展的空间，促使课程不断完善和升华，达到课程与教学的互融、转化和促进，教学由此变成一个动态的完整体系。实际上课程和教学是两个互相关联的概念，实现教学目标的过程同时也是实现课程目标的过程。由于不同地区、不同学校、不同班级的学生在认知方面存在差异，在身心发展规律、情感态度和人际交往等方面也存在差异。因此，小学科学教材中所呈现的内容并不是适应每一个学生。为了促进学生的全面发展，达到提升小学生科学素养的目的，科学教师在进行教学设计时，必须在对教学背景进行宏观和微观分析的基础上，结合对学生原认知能力的诊断性评价信息，对小学科学课程进行必要的再加工，即二次加工。对新课程的内容进行适合于学生学习、有利于学生发展的增删和重组，在其中增添一些体现学生认知层次和当地特色的课程资源因素，通过加工呈现出新的课程实质，而不是传统意义上的一成不变地再现教科书中的内容。只有灵活处理课程，充分考虑教师特色、学生特点、现实环境特征的教学设计才能营造出耳目一新的课堂教学。小学科学教师应具备加工与总揽科学课程内容、单元内容和课题内容以及协调它们之间关系的能力，才能使小学科学课堂学习任务的加工与分析达到前后呼应、相得益彰的效果。

（三）小学科学教学设计必须重视对学生能力的分析

小学科学教学设计的出发点虽然从表面上看是为教学目标服务的，但最终是为学生发展服务的。由于学生生活的家庭背景、生活环境和经历不同，现实中的学生在各个方面都表现出其自身的特点，学生个体在群体中具有明显的差异。小学科学教师在设计教学时，要充分考虑学生能力的差异，从学生的实际情况出发，遵循由浅入深、由表及里、循序渐进的原则，教学目标要求要具有层次性，使学生从不同角度、采取多种方式进行思索，不仅适应不同学习水平的学生，同时也给学生留下思考的空间和创新机会。另外，传统教学的那种重教而轻学的模式在新课程实施中被弱化，教与学是互生互长的双边过程。在教学活动中，学生是学习的主体，学生的学习不是被动地接受知识，而是一个依据原有的知识和能力，对新知识进行积极主动的建构过程。无论何种教学形式，学习最终是通过学生内部学习完成的，学习的结果将最终体现在学生身上。因此，小学科学教学设计必须重视激发、促进、辅助学生内部学习的发生和进行，从而使有效的学习发生在每一个学生身上，让每个学生都享有平等的机会。因此，小学科学教学设计具有个别化教学的特征。

（四）教学设计的内容是知情合一的统一体

小学科学探究活动是实现科学知识目标、科学探究过程技能目标和情感、态度与价值观目标的活动。科学情感、态度与价值观目标是小学科学课程目标不可或缺的重要内容，是科学精神的重要内容，科学态度应该贯穿于小学科学教育的整个过程中。由于传统的教学设计过分注重学生的知识与技能培养，有意或无意地忽视了学生发展所必需的情感教育。小学科学教师在传统的教学设计中对学生学习任务的分析往往只涉及各知识点及其组成的知识结构、掌握知识所需要的基本技能等因素，而对学生的全面发展具有一定决定作用的兴趣、动机、意志和情感、态度及价值观等因素考虑很少，这对学生人格的全面发展是不利的。体现新课程理念的小学科学教学设计不仅要关注基础知识和基本技能，而且要挖掘有关情感等方面的因素，使教学的内容成为知情合一的统一体。在教学设计中不仅要增加科学态度、情感与价值观等方面的内容，而且还要求师生通过科学探究活动将这些目标落到实处。例如，可以利用在小学科学教育内容中增加科学发展史、科学与人类、科学与生活等内容对学生进行情感教育，通过科学探究活动和教学环节的巧妙设计，激发学生对自然科学的好奇心和求知欲，培养尊重科学、追求真理、反对迷信的信念以及参与社会决策、服务社会的思想意识。

（五）小学科学教学设计是一个问题解决的过程

小学科学教学设计是以帮助学生学习为目的，它常以学生学习所面临的问题为出发点，通过设定探究活动计划，探究解决问题的策略和办法，从而达到解决问题的目的。因此，小学科学教学设计是以问题找方法，而不是以方法找问题，使教学工作更具有目的性。

二、小学科学教学设计过程中不容忽视的问题

（一）适度体现新课程的基本理念

《小学科学课程标准》提出了六大基本理念，分别是科学课程要面向全体学生、学生是科学学习的主体、科学学习要以探究为核心、科学课程的内容要满足社会、学生双方面的需要、科学课程应具有开放性。小学科学教师在设计科学活动时要通过不同的活动形式分别实现上述基本理念。但是，就像在一堂课上不能同时充分实现所有的课程目标一样，所有教学理念不能同时在一堂课中同时充分实现，总是有主有次，在一个教学活动中能充分实现一两个就足够了。

（二）从整体上把握教学活动的结构

小学科学学习活动是有结构的，是有很多个环节的，环节与环节之间是有一定结构关系的，把握小学科学教学设计的结构首先要从大处着眼，一个教学活动分几个大的环节，每一个大环节中再分几个小环节，这样一个教学活动就清晰了。另外，还要清楚地认识到课程的目标结构决定教学的活动结构，在进行教学活动设计时要注意整合教师、学生、教材与环境四个结构要素；只有实现学生学习方式、教学资源呈现方式、教学方式与师生互动方式的同步协调发展，才能使教学活动结构更趋于合理。

（三）教学活动内容要适合小学生的年龄特点和心理特点

好奇、好问、求知欲强、好动、好模仿等是小学生的特点，这些特点对学习小学科学起着积极的作用。同时，小学生的思维活动是以形象思维为主，并开始向抽象思维过渡，而此时的抽象思维主要受形象思维的影响。学生学习活动中以直接兴趣为主，他们经常被客观事物的新奇所吸引，喜欢观察鲜明的、生动的、不平常的现象，喜欢被表扬；在学习过程中有注意力集中时间短、持久性差，好奇心不易维持，兴趣容易转移，行为缺乏连续性，自理能力差，依赖性强等问题。以上是小学生在学习过程中表现出的特点，为了引导学生在学习中逐渐克服上述困难，获得好的学习效果，教师在进行教学设计时应该采取多种多样的教学方法和方式，通过变换教学方法提高学生的学习效率，同时还要认真研究学生的认知阶段特征，考虑学习活动过程中情意与认知因素的统一，注意学生在课程学习过程中的心理变化与教学活动内容的配合。

（四）辩证地认识和处理课堂教学中的各种关系

课堂教学中的各种关系包括：教师与学生的关系，教师应当成为学生学习的激励者、指导者和组织者，学生是学习的主人、课堂的主体；教师与课程的关系，教师不仅是课程的执行者，而且是课程的开发者、建设者；科学知识、科学过程技能、科学情感与价值观与教学内容的关系，教学内容不仅是科学知识，还要与学生的生活实际和实践密切联系，要努力开发各种课程资源。教师如何通过合理的教学设计处理好课堂教学中的各种关系确实是大学问。

第二节 小学科学教学过程设计

小学科学教师和其他学科的教师一样，要较好地完成课堂教学工作，达到预期的教学目标，就要重视并且做好教学设计工作，做好教学过程各个环节的设计，对这些教学过程中相互关联的各个要素进行周密的安排，确定、分析、研究解决问题和对预期结果进行评价。小学科学的教学设计过程是一个系统的工程，小学科学的教学设计过程不是仅仅指教案的设计，实际上当教师在了解以教材为代表的教学资源，在了解学生的基本情况时，教学设计就已经开始了。

一、小学科学教学设计的组成和策略

一般地，一个完整的小学科学教学设计过程包括教学设计的前端（背景）分析、教学设计、教学设计的评价和教学设计的反馈修正四个部分。教学设计的前端（背景）分析包括学习需要分析、学习内容分析和学习者分析，教学设计包括教学目标的设计、教学策略的设计、教学媒体的设计和教学过程的设计，教学设计的评价包括形成性评价和总结性评价。由于篇幅的关系，本书仅对学习需要分析、学习内容分析和学习者分析，教学目标的设计、教学策略的设计、教学媒体的设计等内容做一些粗浅的阐述。

（一）小学科学教学设计的前端（背景）分析

1. 学习需要分析

小学科学的学习需要是指小学生在科学知识、科学探究技能和情感态度

价值观方面的不足，是小学生在学习科学中实际存在的问题和将要解决的问题。这种不足实际上是小学生在科学学习方面目前的状况与教学目标所期望达到的要求之间的距离。

小学科学教学设计的学习需要分析既然是对小学生在科学学习方面的当前现状与教学目标所期望达到的要求之间的距离的分析，那么小学科学的教学设计实际上就是为了缩短这一距离而进行的活动，换句话说，就是为了解决这一“距离”问题而从事的活动。学习需要分析主要是发现学生在学习中实际存在的问题，即通过对存在的这种距离的分析，为教学目标设计提供尽可能确切可靠和有代表性的差距资料和数据。学习需要分析是组成教学设计的要素，它是一个系统的调查研究过程。例如，目前教学设计具备了哪些条件，有哪些不利因素？哪些因素必须优先考虑，并且需要首先解决？哪些因素可以暂缓等。实际上，学习需要分析是解决教师如何教、学生如何学的问题。

小学科学教师进行学习需要分析，目的之一是找出学生在小学科学学习中存在什么问题；目的之二是分析产生这些问题的主要原因是什么，以便于找出解决这些问题的方法和策略；目的之三是对现在占有的教学资源和存在的不利因素进行分析，以便于查漏补缺；目的之四是确立相关问题解决的顺序。通过无数个教学实践的实施分析可以看出，学习需要分析实际上有利于处理好教学手段和教学目的的关系，有利于教学实践的很多具体问题的开展。通过学习需要分析，教学中的主要问题清晰了，这样有利于解决这些主要问题。小学科学教师在课堂教学设计之初，要做好学习需要分析，主要是通过已经确定的教学目标，如小学科学课程标准中的既定目标，对期望达到的要求和学生当前的状况进行比较，找出差距，确定学习需要，为实现教学目标打下良好的基础。

2. 学习内容分析

小学科学的学习内容分析和小学科学学习需要分析一样，都是为探究教学做铺垫的。小学科学教师进行学习内容分析，主要目的是分析学生学习内容的类型，学习内容中各项知识、技能和情感、态度价值观之间的关系以及这些三维目标的范围和层次。换一个角度说，在教学内容的分析中，重点是分析学生需要学习哪些知识和技能，达到什么程度；同时要重点分析学生在情感、态度价值观方面获得哪些发展，发展到什么层次；更重要的是还要分析学习者怎样学习这些内容。可以看出，学习内容分析主要解决教师“教”什么和学生“学”什么的问题。

一般来说，教师在进行小学科学教学设计时第一步要做的是明确教学内容是什么，即明确科学知识、科学探究技能以及情感、态度价值观目标的具体内容，同时要清楚这些目标需要达到什么层次；第二步要清楚所要面对的教学内容中科学知识、科学探究技能以及情感、态度价值观之间的关系，哪个是重点，哪个是非重点；第三步是根据科学知识、科学探究技能以及情感、态度价值观的性质划分出具体类型，然后确定选择不同的教学策略和教学媒体，设计不同的教学情景，这样才能确定教学的重心所在。因为在有限的40分钟内教师不可能将时间进行平均分配，“眉毛胡子一把抓”的教学方式的直接结果是学生哪方面的能力和素质都不会得到很大的提高。

当学习内容的类型及其关系、学习内容范围和层次选择好以后，要重新审视学习内容的确定是否具有科学性，学习内容的各项要求是否符合小学生的认知规律和认知水平。如果不符合的话，要进行适当的调整。

3. 学习者分析

教学设计中，为了突出学习者在学习中的主体作用，使学生学习目的更明确，在学习过程中重新建构知识结构、技能结构和情感结构，必须重视对学习者进行分析。小学科学教师进行学习者分析，目的是了解小学生科学学习准备状态、一般特点、学习风格等方面的情况，为小学科学教学内容的选择和组织、教学目标的确定、教学活动的安排和教学策略的采用等提供有效依据。小学生的初始能力是教学的出发点。小学科学教师如果在教学准备之初，忽视对学生起点能力的分析，教学内容的选择、教学方法和策略的确定就会脱离学生的实际。如果将小学生科学学习内容的起点定得太高，脱离学生的实际，就会降低学习效果；如果将学生学习科学的起点定得太低，就会造成学生精力和时间的浪费，长此以往，就会降低小学生学习科学的兴趣。

要对小学生学习科学的起始情况进行全面分析，才能使小学科学教师确定的教学策略具有较强的针对性和实用性。小学科学教师对小学生学习科学的原认知水平掌握得多与少，直接决定小学科学教学目标实现以及教学任务完成得好与坏。例如，相同年级的农村学生和城市学生往往有大体相同的感知能力以及相似的心理和语言水平，这是小学生的相同之处；但相同年级的城乡小学生也存在着学习兴趣、学习态度、学习方法和实践能力的差异，这主要是由家庭条件、家长背景、社会经验、接受教育资源等方面的差异造成的。所以，教师要使每一个小学生都能以原有的认知结构为基础，在科学素养方面都有所提高，就要根据小学生的认知能力和所处学校的基本现状（主要是教学资源的现状），确定不同的学习内容，制定有层次的评价标准，选择不同的教学手段，确定有针对性的教学策略，设计好教学过程的每一个环节，引领学生在探究学习活动中通过认知冲突的不断展现，使学生的科学知识、科学技能和科学情感都得到提升，最后能够构建出具有自身特色的认知结构。

（二）教学设计分析

小学科学的课堂教学设计是在明确小学科学的教学目标基础上，教师运用各种教学手段和教学技能，指导小学生进行的科学学习活动。在进行具体的教学设计时，要处理好教学资源、教学目标、教学内容、教学方法、教学媒体、教学组织形式等之间的关系，将它们编织成为一个有机整体，使它们都能发挥应有的作用。其中，确定好教学目标、制定教学策略、组织实施教学、选择教学方法、选择教学媒体和安排教学活动是至关重要的。

1. 小学科学教学目标的设计

小学科学教学目标是指小学生通过科学探究活动预期要达到的学习效果。实际上，小学科学的教学目标是人们对小学生进行科学探究活动结果的一种期望，是对完成教学活动后，小学生应该达到的知识、科学探究技能以及情感、态度价值观要求的具体描述。它可以分为小学科学课程教学目标、小学科学单元教学目标和小学科学课时教学目标。小学科学单元教学目标是小学科学课程教学目标的下位目标，而小学科学课时教学目标则是单元教学目标的下位目标。在小学科学教学目标体系中，小学科学课时教学目标应是最具体、最具有实践性的，是对小学生通过科学学习后应该会什么的具体描述。实际上，小学科学的教学目标设计，是有利于实现教学总目标，有利于教师进行可操作性的科学教学活动，有利于小学生进行科学学习，也有利于进行科学教学评价的设计活动。

小学科学课程的目标分为三个维度：科学探究、科学知识、情感态度与价值观，因此小学科学教学目标设计要考虑这三个方面。也就是说，在进行小学科学的教学目标设计时，要充分考虑小学科学课程标准对教学内容的要求、小学生的学习特征、教学内容中的知识目标类型、科学探究技能类型和情感、态度价值观目标在教学中的地位，这样才能设计出符合小学生实际的教学目标。

在进行小学科学教学目标设计时，要对小学科学的教学目标进行详细的、可操作性的描述，也就是对小学科学教学目标的表述必须详细，说明目标内容时要运用小学科学的专业术语来描述，同时要阐述清楚：是“谁”在“什么条件”下，从事“什么活动”，达到“什么程度”。

例如，教师在进行小学三年级科学课“我的手”一课教学目标设计时，考虑到小学三年级的学生还不能完全从事较为独立、完整的科学探究活动，况且小学三年级的科学教育应重点培养学生学习科学的兴趣，使得小学生通过一定的科学学习过程获得一定的科学技能，如观察能力、分类能力、语言表达能力等。因此，本课的重点是发展学生的观察能力和对科学观察的理解。同时，为了使学生在宽松、和谐的情景中，通过一系列活动，亲自体验科学探究过程，在生活和日常事务中发展自身的观察技能，也使学生领悟到科学就在身边，身边处处有科学的真谛，可以设计“我的手”的教学目标是：

（1）引导学生知道手的形状，认识手的构造，体会手的灵活性。

（2）鼓励和指导学生会用文字、图形表达观察结果，并且能够相互交流和评价。

（3）通过对身边事物的观察，使学生能够产生发现问题、提出问题和探究问题的意识。

小学科学教师在进行教学目标的设计时，还要注意以下几点：

（1）在确定教学目标的文字表述时，一定要多关注学生的学习行为，少关注教师的教学行为。

（2）所表述的三维目标，应该是学生通过科学探究活动达到的最终结果，而不是学生所经历的学习过程本身。

（3）文字表述要具体、清晰，通俗易懂。

2. 教学策略的设计

小学科学的教学策略是对完成小学科学的教学目标而采用的教学活动的程序、方法、形式和媒体等诸多因素的通盘考虑。小学科学教学策略的设计应以教学目标为基点，遵循小学生的认知规律和心理发展规律，考虑教师自身的教学风格和身边的教为学环境、设备等客观因素。我们必须明确的是，由于小学科学教学内容和教学目标不同，教师选择的教学策略也应该不同，绝不能以教学策略的不变应教学目标的万变。只有这样，教师才能根据学生的实际设计出不同的、有良好教学效果的教学方案，并能随着教学的客观因素变化而及时调整教学策略。小学科学教学策略的设计，是教学设计的重要环节，能有效解决“如何教”和“如何学”的问题。

小学科学教学策略的设计有以下特点：

（1）小学科学教学策略设计的指向性。小学科学教学策略的设计是指向具体的教学目标的，是针对具体的教学目标采取的有针对性的教学策略。

（2）小学科学教学策略的灵活性。不同的小学科学教学目标应该采取不同的教学策略，不存在对所有的教学内容都适用的教学策略。同样，教师在教学中要根据不同的学生采取不同的教学策略。

（3）小学科学教学策略设计的多样性。教学内容和教学目标具有多样性，因此教学策略的设计也应该具有多样性；同样的教学内容要面对不同的教学对象，因此也需要设计出不同的教学策略。

在进行小学科学教学策略设计时，可以从下面几方面考虑：

（1）全面分析、组织和处理好以教材为代表的教学资源。小学科学教学虽然要依据教材，但不能照本宣科。小学教师要分析、组织和处理好以教材为代表的教学资源，理清这些教学资源的相互关系，合理应用它们。明确小学科学的教学目标，领会教材的编写意图，分析并熟悉小学科学教材内容体系，弄清楚如何选择教学资源；分析教材的重点、难点及教材的内容结构，最后再根据小学生的认知特点及教学条件等灵活地处理教材。

（2）适当地选择教学媒体。随着计算机多媒体和互联网在教育领域的广泛应用，随着广播和电视的进一步普及深化，教学媒体的种类越来越多，教师在教学设计时就要精心选择教学媒体，使教学效果达到最优。实际上，小学科学的教学媒体是多方面的，不仅指计算机多媒体，还指师生准备的学具和教具等。选择教学媒体一定要考虑小学科学教学是以动手实践为特征的探究活动特点，不要图花哨、讲排场而滥用教学媒体。应该清楚教学媒体是为教学目标和内容服务的，而不是教学目标和内容服务教学媒体。同时，没有哪一种教学媒体能适应所有的教学内容和教学对象，要根据教学媒体的特性、功能的优势为教学目标的实现服务。在选择和使用教学媒体时要尽量遵循低成本、低消耗、高效率的选择原则。我们不难发现，许多教师对计算机多媒体情有独钟，计算机多媒体是很好的教学媒体，但是由于小学科学是以动手实践为主的自然科学学科，小学科学教师在设计教学策略时应该尽量设计一些有结构的实验材料，引导学生在实际操作中探究科学。

（3）选择合适的教学方法，有效完成教学目标。由于小学科学的教学内容很庞杂，小学科学的教学目标虽然看似简单，但需要应用的教学方法很多。好的教学方法可以使教师高效地完成教学任务，实现教学目标。而教学方法选择不当，往往会制约教学目标的实现。因此，小学科学教师要根据教学目标和内容的差异，选择合适的教学方法。

（4）用整体的意识设计教学活动。小学科学教师在教学设计时，必须有全局观念，否则教学策略的设计就有可能以偏概全。另外，教师在选择教学策略时，要首先从宏观上把握教学内容所应用的程序、方法和媒体的应用等方面，然后从具体教学环节方面加以考虑，也就是要遵循先总后分的原则。

3．教学媒体的选择

教学媒体是指在教学目标实现的教学活动中，能用来传递和再现教育信息的现代化设备以及记录、储存信息的载体。例如，电唱机和唱片、幻灯机和幻灯片、投影机和投影片、录音机和录音带、录像机和录像带、计算机和光盘以及软盘和硬盘等。小学科学教学使用的教学媒体和其他学科使用的教学媒体一样，有广义和狭义之分。狭义的教学媒体包括黑板、教科书、教具和学具、图片、挂图、图表、参考书、实验工具及设备等传统教学工具以及投影、幻灯、电影、录像计算机多媒体和计算机网络信息等现代化的教学工具。广义的教学媒体除了上述涉及的媒体之外，还包括观摩示范、参观考察、见习旅行、参与活动（角色扮演）、实验、谈论、讲座等。

如果我们将教学媒体进行分类，会有多种分类方法。例如，可以按照材料来分、按照物理特性来分、按照使用途径来分和按照使用时间来分等。如果将教学媒体按照使用时间来分，可以分成传统教学媒体和现代教学媒体。传统教学媒体又可以分成直观实物教具媒体和示意介质教具媒体，直观实物教具媒体包括仪器设备、生活中的实物、标本、模型和模具、黑板和印刷材料等，示意介质教具媒体包括图表、图片、挂图等；现代教学媒体包括视觉媒体、听觉媒体、视听媒体、计算机媒体等，视觉媒体包括幻灯、投影、皮影等，听觉媒体包括录音、唱片（磁针、激光）、广播、师生谈话等，视听媒体包括电影、电视、录像、激光视盘和角色表演等，计算机媒体包括语音教学系统、计算机多媒体系统和计算机网络等。

实际上，教学媒体的选用属于教学策略的范畴，教学媒体选择属于教学策略设计的范畴，这里之所以将它单独拿出来研究，就是为了突出教学媒体在教学设计中的重要地位。小学科学教师在教学活动过程中经常要用语言、板书、挂图、模型、实物以及幻灯、投影、录音、录像和计算机等教学媒体来传递教学信息，它们都是必不可少的教学媒体，具有生动、形象、感染力强等特点，适合小学生。小学科学教师在教学过程中合理地选用教学媒体，既可以提高教学效率，又可以开阔学生的视野，充分调动学生的视觉器官和听觉器官的能动性，能够极大地提高感知效果，使小学科学的教学活动达到最佳效果。

小学科学教师在选择和应用教学媒体过程中要把握以下原则：

（1）把是否实用有效作为选择教学媒体的依据。教学媒体必须是实用的、有效的。小学科学课程标准和学生在一个学习阶段中科学知识、科学技能和情感、态度价值观目标的要求是小学科学教师选择教学媒体的依据和出发点。教师要考虑这些教学媒体是否有利于学生在学习中更好地突破重点和难点。教师什么时候用实物媒体，什么时候用幻灯、DVD和计算机，什么时候用挂图，这些媒体的选择实际是由教学情境和教学目标决定的。集体授课时要选择那些展示教学信息范围较大的媒体，如DVD、多媒体投影和体积较大较清晰的实物、挂图等；小组学习和个别指导时，就要选择那些展示教学信息范围较小的媒体，如实物、图表、仪器、模具等。

（2）教学媒体的选择要计算成本和结合本地实际。在选择和使用教学媒体时，既要考虑教学效果，也要考虑媒体本身的成本，力求节约，避免浪费，能用简单易行、低成本的教学媒体，就不要用复杂难寻、高成本的教学媒体。在现实条件下，小学科学教师要考虑所要选择的教学媒体是否容易获得，如果是可望而不可即的，所要选择的教学媒体即使再有效也是不切合实际的。小学科学教师在选择教学媒体之前一定要吃透教材的编写意图，如果教材中涉及的教学媒体和资源不易得，就可以考虑用本地的低成本的教学媒体和资源代替。客观地讲，现在的小学教学经费都不是很宽裕，小学科学教师在选择教学媒体时一定要考虑教学媒体的成本，要选择那些既能够实现良好的教学效果，又易于获得的、低成本的教学媒体。

（3）在教学中要将多种教学媒体综合在一起应用。由于传统教学媒体和现代教学媒体种类繁多，性能各异，在表现方法和使用效果上各自存在着优缺点，没有一种教学媒体能够满足一个教学内容的多个教学环节，也没有一种教学媒体能够满足一切教学内容、教学对象。在小学科学教学实践过程中，让多种教学媒体相互补充，综合运用，发挥各种教学媒体的优势，容易使学生产生生动、形象、直观、新颖的感觉，产生极强的感染力，有利于小学科学教育目标的达成。这里所说的教学媒体，不仅包括计算机多媒体、幻灯、投影等电教媒体，还包括仪器设备、实物、模具、教材、挂图等传统教学媒体。应该明确，在一个教学活动中，不是要求教师尽量应用所有的教学媒体，而是在选择和应用中还应该遵循少而精的原则，要恰到好处。

现代教学媒体能进一步激发学生的学习兴趣；能针对学生学习能力的差异调整教学进度，提高学习效率；能培养学生的自我教育能力，为终身教育打基础。由于小学科学教育是培养学生在探究情境中形成科学素养的基础学科，教师在引导学生进行科学探究活动时应该引导学生动手、动脑。当然，如果利用现代化的教学媒体能够更有利于小学科学教育目标的实现，我们还是提倡适当应用一些现代教学媒体的。

小学科学教师在教学过程中应有效利用现代教学媒体，使现代教学媒体在教学中真正发挥作用，成为教学中的有效手段。单就计算机多媒体来讲，小学科学教师在进行教学媒体设计时应注意以下问题：

（1）根据教学内容，合理设计、使用计算机多媒体。在教学中何时、何处使用计算机多媒体，都离不开为教学目标服务这一宗旨。因此，要全面考虑教学内容的需要，充分研读教材，适时、适度地选择教学媒体，以充分展示小学科学探究教学的魅力。对小学科学教师来讲，要摒弃所有的课程都要用现代教学媒体的观念，并不是只有用了现代教学媒体，教学效果和学习效果才会好。在教学实践中，应选用适合教学内容的现代教学媒体，使教学内容与教学形式相统一。

（2）根据学生的学习状况设计、使用计算机多媒体。教师在设计课件时，应考虑到不同年龄阶段学生的差异，如心理特征不同，知识基础、生活经验不同，因而接受能力也就有所不同。小学低年级学生注意力集中的时间比较短，抽象思维能力较差，但机械记忆、形象思维相对占优势。在设计课件时，就可考虑多做一些色彩鲜艳、生动有趣的动画，吸引学生的注意力，引起他们的兴趣，以帮助他们理解。到了小学中高年级，随着生活经验、知识的逐渐丰富，学生感知抽象语言的能力也随之增强，因此在教学中教师可适当减少形象性的画面，取而代之的是较为复杂的有结构的实物材料。

除了上述重点谈到的计算机多媒体之外，在一些有条件的城镇小学，科学课程的教学也可以根据教学内容和教学目标设计情况适当运用以下现代教学媒体：

（1）各种音视频教学媒体，如幻灯、投影、录音、录像、广播、电视等，它们可以为学生提供许多无法亲身体验的信息，开拓学生的视野，使学生的逻辑思维和想象思维能力向常规媒体无法达到的境地延伸。

（2）计算机软件，各种计算机辅助教学软件、文字处理软件、flash 等软件，甚至包括某些智力游戏，都是很好的教学资源或工具，这些工具可以帮助师生获得传统教学媒体无法完成的实验观察效果。例如，人体血液循环中什么是动脉血，什么是静脉血，什么是肺循环，什么是体循环。又如，人体呼吸系统与保健、人体大脑与神经系统工作机理、真菌与细菌和人类生活之间的关系等，这些人们每天都离不开、对人类自身发展至关重要，但特别抽象的生命活动过程和现象，教师在引导小学生进行科学探究活动中，都可以用计算机模拟来代替，帮助学生进行探究、理解。

（3）计算机网络，包括各种局域网（如校园网、地区网）和国际互联网。小学科学老师可以根据一些教学内容的特殊性，适当地利用计算机网络资源，如登录中央气象台网站和省气象局专业网站查阅相关气象信息，将它们链接到校园网上，建立学生自己的科学网站，发布气象消息；教师还可以利用网络上有关动植物、岩石、古迹等相关教学资源进行教学设计活动。

二、科学地备课

小学科学教师和其他学科教师一样，在学生开学前都要进行备课。实际上，备课是教师的日常工作，是上课前的准备活动。

（一）常规准备

小学科学教学的常规准备工作包括以下四个方面：

1. 研读课程标准和教材，掌握教学精髓

小学科学课程标准是小学科学教育的风向标，小学科学教材是小学科学教育的重要资源，小学科学教师只有细细研读小学科学课程标准和小学科学教材，领会课程标准的基本要求和教材的编写意图以及教材中蕴涵的教学目标，才能把握住教学的出发点和基本点。

2. 阅读和收集教学相关资料

当今社会是一个科技高度发达的社会，新知识、新科技成果日新月异，现代国际教师教育的发展要求小学科学教师必须有自我发展的能力、自我学习的能力，也就是教师要有自我专业成长的能力。小学科学教师要跟上时代的步伐，必须不断学习。由于信息流通的渠道非常广泛，现在的小学生对外获取信息的途径也是各不相同，在一些领域学生了解的内容可能比教师还多，教师要顺利完成教学任务，除了全面熟悉教材内容、适当开发和利用教材以外的教学资源外，还应广泛阅读与小学科学学科有关的报纸、杂志、书籍及其他资料，不断丰富自己的专业知识，并从中选取适合学生探究学习活动所需要的内容，以拓宽学生的视野、激发学生学习的兴趣，保持学生旺盛的探究欲望。目前，可供小学科学教师参考的专业期刊有《科学课》《中国教育学刊》《外国中小学教育》《国外教育动态》《大自然》《人民教育》《课程·教材·教法》《中小学教材教学》《中小学教学研究》《小学教学研究》《中小学电教》《北京教育》《辽宁教育》《知识就是力量》《科学画报》等。另外，《人民日报》《中国教育报》《光明日报》《小学生学习报》等报纸上发表的文章也可以作为小学科学教师教学准备的参考。全国各地有关出版社还先后出版了大量适用于小学科学教学参考的书籍等。此外，还有很多小学科学教育的专业网站，也为小学科学教师提供了非常丰富的教学资源。

3. 搜集实验材料，制作教具

小学科学课程提倡实现科学教育课前、课上和课后的延伸，提倡小学生和教师一起参与科学教育活动的准备过程。同时，小学科学又是一门注重参与性和动手实验性的自然学科，在教学中大力开展以培养学生科学探究过程技能为主的实验教学，增强教学的实践性和直观性，是提高教学效果不可缺少的教学手段。所以，小学科学教师平时应注意及时搜集、保存实验材料，如采集植物制成标本、饲养小动物和种植植物等以供观察。小学科学教学进行以探究实践为主的直观教学，需要许多教具，除国家出版部门、教具生产部门供应的外，教师可以自制一些简易实用的直观教具，这些教具往往是将我们生活中的一些废弃物品稍加改造而成，如将废弃的饮料瓶稍加区别，就可以作为“比较水的多少”的容器。又如，将我们生活中废弃的铜钥匙、白钢钥匙、废旧的铜线、铁线、铝线等收集在一起，选择相同粗细、长短的金属材料做成“金属与热的传导”的实验装置等。

4. 熟悉周围自然环境，广泛挖掘各种社会资源

教师应熟悉学校及周围的自然环境，可以结合教学内容带领学生去野外观察生态环境和采集标本，或直接利用各种资源进行探究性学习。这不仅能激发学生学习的兴趣和求知欲望，扩大知识面，而且对培养学生的观察力、识别力和分析问题、解决问题的能力等都是非常有益的。

（二）制订教学计划

教学计划是指教师教学的各种计划，一般包括学年（或学期）教学计划、单元教学计划和课时教学计划等。小学科学教师要完成教学目标，就必须在研读课程标准、理解教材中的教学目标、了解学生认知水平的前提下，对教学内容、教学策略、教学方法、教学媒体和课时分配等进行周密的安排，制订出各种教学计划。

1. 学年（或学期）教学计划

学年（或学期）教学计划是新学年（或学期）开始之前（一般是学生开学前一周）由教师根据课程标准和学校工作计划的要求制订的。小学科学的教研组长应该和全组教师共同研究制订学年（或学期）教学计划，教学计划必须符合学校的总体要求和课外活动安排，不能和学校的总体计划发生冲突。教师的教学计划一般要求一式三份，一份交教务处，以便教育行政部门和学校领导检查；一份交教研组，便于教研组长检查教学和教师互相听课使用；一份教师平时教学使用。

小学科学教师制订的学年（或学期）教学计划通常包括以下内容：本

学年（或学期）总的教学目标，这是在研读课程标准、吃透教材精髓以及掌握学生认知能力的基础上制订的。它包括科学知识目标、科学技能目标和情感、态度价值观目标三个方面；确定教学内容的重点和难点，教师应在吃透教材精髓的基础上，分析和掌握教材的内容和特点，明确教材的重点和难点，这样才能引导小学生进行科学探究活动，也能在实际教学过程中随机处理可能发生的教学准备过程中意想不到的事情；确定授课时数，安排教学进度应考虑学年（或学期）实际教学周数以及节假日、季节冲突等客观因素。

2. 单元教学计划

小学科学教师在制订单元教学计划时，首先要考虑教材的编写顺序是否适合本地和本校的实际，是否适合实践发展的顺序、季节的顺序，是否适合教学本身的实际；还要考虑教学内容是否适合本地实际，如果不合适，教师要根据具体情况调整。例如，某出版社出版的义务教育课程标准实验教科书《科学（五年级上册）》（2003 年第一版）第一单元“生物与环境”，内容涉及“设计种子发芽实验、从实验中获得信息、秋冬季的生物、动物的栖息地、建立栖息地、记录动物的特征”等，客观地讲，这些教学内容无论是设计理念、教学目标的创建，还是教学内容的选择都非常好，教材本身是无可挑剔的。但是，这些教学内容要在一段连续的时间内完成显然是不切实际的。例如，研究种子的发芽情况，只有在实验室，只有在花盆中进行；学生刚刚接触五年级上册教材是初秋季节，可是要研究深秋和冬季的生物要等到十月份、十一月份，显然这部分教学内容是不适宜在开学初进行的。小学科学教师在制订单元教学计划时就要考虑到这些，将一些教学单元的内容“打乱”，重新调整教学顺序，使得每一部分教学内容都能和所在的地域以及学生的实际相适应。其次，根据教学内容的重点和难点，并根据学生实际选择适当的教学策略和方法，选择合适的教学媒体，做好教学的物质准备。

单元教学计划一般包括以下内容：单元的教学目标；单元的编排体系和教学内容；单元的重点和难点；教学的主要组织形式、教学策略和方法以及教学媒体；教具和学具等物质准备；教学进度。

3. 课时教学计划

小学科学的课时教学计划是教师和学生进行科学探究活动的计划，又被称为教案。教案包括课题、学情分析（教学内容分析、学生分析）、教学目标、教学重点、教学难点、教学准备、教学过程、教学反思等。

第三节　小学科学教学实施

为了体会和领悟教学设计各部分的具体结构以及教学设计在教学中的作用，下面引用四个各有特色的教学设计及反思。

第一个教学设计是苏教版科学实验教材“铁钉生锈了”一课，这一课是以探究为主的实验课，通过对比实验的方法，重点培养学生提出问题、实验假设、实验验证、合作交流的能力；通过引导学生较长时间进行观察、记录，培养学生持之以恒的科学品质；教师在教学中引导学生多动手、多思考、多交流，教师在多听、多看、多感受学生的学习变化中，在适当的时候进行点拨，培养学生的探究能力，提升学生的科学素养。第二个教学设计“神奇的磁力”是以实验为主的科学探究课，教师通过实验材料，设计以游戏和探究相结合的教学方式，采用以实验法为主的教学方法组织教学，学生通过看得见、摸得着的实验材料，得到直观、生动的感性认识，培养学生学习的主动性、能动性；激发学生的学习兴趣，提高实验探究能力。同时，在采用“实验法”的基础上，结合“观察法”“讨论法”“谈话法”等方法进行教学。第三个教学设计“天气与生活”是一节教学资源整合课，教师在教学设计中一是充分挖掘学生的教学资源，利用学生已有的生活经验，同时鼓励学生广泛收集社会中散在的关于天气预测的社会资源；二是挖掘网络资源，教师要有充分利用各种资源的意识，也要使学生具备这种意识，学习利用身边的资源进行科学探究，制作多媒体课件，有效利用学校的气象监测站资源为教学服务。第四个教学设计是“唤醒种子里的生命”，让学生通过观察种子生长的过程，体会生命的力量。

一、“铁钉生锈了”教学设计

（一）教学目标

（1）观察生有铁锈的物品，对铁生锈的条件提出假设，并设计实验进行验证。

（2）对同伴设计的验证实验方案进行评价，并能完善自己的设计。

（3）持续一周观察和记录实验现象。

（4）交流验证实验结果，对防止铁生锈提出建议。

（5）了解铁生锈的基本条件是与水和空气接触的铁容易生锈；了解防止铁生锈的基本方法。

（6）能运用简单器材设计对比实验，观察实验现象，并及时记录实验结果。

（7）能参与较长周期的探究活动，愿意合作与交流，尊重证据。

（8）关心与防生锈有关的新科技，乐于用所学知识改变生活。

（9）愿意参与评价，并愿意吸取他人所长，补己之短。

（二）教学重难点分析

设计对比实验验证对铁生锈条件的假设，观察铁生锈过程；设计较完善的实验验证假设；观察时能坚持到底。通过教师引导学生设计和学生之间的评价来完善实验方案；通过师生共做和同伴之间相互交流促使学生坚持观察。

（三）教学用具准备

教师准备：生锈的铁器、无锈铁器、蒸馏水（或凉开水）、植物油、干燥剂、砂纸、“铁钉与水和空气同时接触生锈实验”课件。

学生准备：搜集生锈的铁器、无锈铁钉、透明塑料保鲜袋、细线绳（或皮筋）。

教学过程第一课时：观察生锈的铁器，对铁生锈条件提出假设：

（1）教师出示无锈铁器和生锈铁器，引导提问：除了形状不同，这两件铁器最明显的不同是什么？在什么地方见到过铁生锈？

（2）学生分组活动：观察铁锈的特点。

（3）全班交流：与铁生锈有关的信息及提问。

（4）教师补充信息后提出问题：刚才，同学们提出的问题都集中在两个方面：一是铁钉为什么会生锈；二是怎样防止铁钉生锈。我们先来研究第一个问题。根据你们的生活经验，铁钉和什么接触后容易生锈？根据什么（生活经验）提出这种假设的？

（5）学生分组交流，达成共识，提出假设，讲述理由。

（6）全班交流：汇报假设，教师简单板书，统计选取不同假设的学生人数。

设计验证实验，评价和完善实验方案：

1. 教师引导学生设计“铁钉生锈是与水接触有关”的验证实验方案

（1）教师引导谈话：我们共同来设计“铁钉生锈是与水接触有关”验证实验方案，实验方案应该包含哪些基本内容？学生分组交流后汇报方案包含的基本内容。

（2）教师引导谈话：为了让实验更有说服力，我们最好采用对比实验的方法。针对“铁钉生锈是与水接触有关”的假设，我们要制造两个不同的环境才能使实验产生两个不同结果而具有对比性。要制造这两个不同的环境，怎样做？

（3）学生发表见解。

（4）教师引导谈话：介绍实验器材及用途。这个实验需要哪些器材？实验步骤怎样设计？要观察到实验现象大约需要多长时间合适？

（5）学生领取《实验方案》设计用纸，分组设计方案。

（6）师生共同评价一个小组的实验方案，将方案补充完整。

2. 学生设计“铁钉生锈是与空气接触有关”验证方案

（1）学生领取《实验方案》设计用纸，分组设计实验方案。

（2）全班交流：汇报实验方案，师生就方案的完整性和可行性进行评价。

（3）学生修改完善实验方案。

师生组装实验装置：

（1）学生分组选择一种假设，根据方案选取实验器材，组装实验装置，置于教室某处。

（2）选择“铁钉生锈是与水和空气同时接触有关”的学生观看“铁钉与水和空气同时接触生锈实验”课件，然后分组选取实验器材，依据课件组装实验装置。

说明：如果没有学生提及“铁钉与水和空气同时接触生锈”，则此步骤省略。

（3）教师选取“铁钉与水和空气同时接触生锈”实验器材，组装实验装置，与学生的实验装置同放一处。

课堂学习小结，提出实验观察要求：

（1）学生谈本课学习中在知识与态度等方面的收获。

（2）教师谈话：铁钉生锈实验可能需要一段时间才能有结果，我们在这么长的时间里应该做哪些事情呢？

（3）学生提出见解。

（4）教师提示学生：坚持不懈，注意观察，交流发现，及时记录。

教师布置拓展作业：搜集“防止铁生锈”的信息。

教学过程第二课时：

交流实验结果，分析铁钉生锈原因：

（1）教师谈话：一周前，我们一起对铁钉生锈的原因做了验证性的实验，今天，我们一起交流实验结果。

（2）学生汇报实验中观察到的现象，教师简单板书。

（3）学生根据实验事实，分析讨论铁生锈的原因。

（4）师生共同总结铁生锈的条件：与水和空气接触的铁容易生锈。

（5）教师简介：铁接触酸、碱、盐等物品后也容易生锈。

交流防锈的方法：

（1）教师引导讨论：根据铁生锈的原因，如何防止铁制品生锈呢？看哪个组列举出来的做法多。

（2）学生分组比赛：尽量多地列举生产、生活中的防生锈做法。

（3）全班交流，达成共识。

教师布置拓展作业：

（1）除了铁容易生锈之外，其他的金属也有生锈现象。搜集其他的生锈金属，观察锈的特征。

（2）观察家中的金属制品，研究人们是怎样防止金属生锈的。

（3）实验探究：铁接触酸、碱、盐等物质后容易生锈。（选做）

教学反思：

（1）做足“创设提出问题的情景”文章。“观察生锈物品”是一个引导性活动，观察活动能激起学生的学习兴趣，学生会由此进入探究问题的情景中。在这个情景中，学生自然会发现问题，相互交流要探究的问题。此处情景的设计，要注意接近学生的生活实际，更要注意给学生提供较充足的相互交流时间。这样，学生的思维才会进入情景中，进而产生研究问题的兴趣，就会全身心地投入研究之中。

（2）提出假设要讲清理由。学生进入探究的情景中后，会根据他们的生活经验，展开想象的翅膀，积极思考、大胆预测生锈的条件。在这个环节中，教师要注意引导学生从生活经验中找到假设的依据，这对引导学生正确分析问题是有利的。

（3）提供有结构的实验材料，评价完善实验方案。假设提出以后，需要设计一个较完整的验证性实验来验证假设的正误，学生能否设计出基本的实验做法，取决于教师能否提供有结构的实验材料。所以，教师要在提供的实验材料上多考虑，要使学生一看到材料便知道是做什么用的，不要让学生去猜材料的用途。

学生设计了验证方案以后，会急于进行实验，这时，教师一定要组织学生对方案的完整性和可行性进行交流，较好的方法是让学生之间相互评价。

（4）让学生多思考、交流和动手。教师在整个教学活动中应该扮演倾听者和引领者的角色。要注意让学生多思考、多交流，教师可以多听、多看、多感受学生的学习变化，在适当的时候，教师进行点拨。这样，学生的学习活动才会更多地体现出自主发现的过程，对培养学生的思维能力大有益处。

二、“神奇的磁力”教学设计及说明

（一）学情分析

本课是湘版义务教育课程标准实验教科书《科学（三年级下册）》第四单元“磁铁的奥秘”中的第一课，本单元作为物质世界的探究，以“磁铁”为教学载体，设计了“神奇的磁力”“司南的启示”“磁铁游乐场”等三课。

前两课引导学生分别探究磁铁的磁力、磁极、磁铁能指南北方向等性质和磁极相互作用的规律，第三课引导学生综合应用前两课所学的知识来解决问题，整个单元呈现的是“分—总”的结构。

“神奇的磁力”从认识磁铁的基本性质磁力和磁极入手，为此在本课中设计了“花丛中飞舞的蝴蝶”的教学引入活动以及“探物游戏”“哪里磁力大”两个探究活动。

磁铁吸铁这一现象是学生在日常生活中见过的，是已有的生活经验，但对科学概念“磁力”“磁极”却并不清楚。因此，在本节实验活动中重点是帮助学生知道磁力，知道磁力最大的部分是磁极。在“哪里的磁力大”的活动中，难点在于怎样引导学生依照“问题—猜想—设计—实验”的过程展开探究，设计实验找到磁极。

（二）教学目标

（1）能根据观察到的现象，提出自己的猜想。

（2）能通过实验获取事实并得出结论。

（3）在实验中进行实验技能的训练。

（4）在实验中意识到尊重科学事实的重要性。

（5）认识磁铁能够吸引铁，知道磁铁有磁力。

（6）知道磁铁磁力最大的部分是磁极。

（三）教学重点

知道磁铁有磁力；知道磁铁磁力最大的部分是磁极。

（四）教学难点

能学习设计、开展实验，获取事实后总结出磁铁有“磁极”。

（五）教学准备

条形磁铁、蹄形磁铁及其他形状的磁铁，橡皮筋、回形针、牙签、纸屑、图钉、大头针、塑料环、玻璃棒、铜棒、铝棒、桃花图画、蝴蝶图片等。

教学过程、教学导入：“花丛中飞舞的蝴蝶”。

（1）播放学生春游视频。

（2）出示桃花图画，引导学生设计“花丛中飞舞的蝴蝶”。

播放学生春游视频，旨在引起学生回忆，调动学生已有的生活经验。

出示桃花图画，讨论怎样让画面更生动有趣，引导学生设计“花丛中飞舞的蝴蝶”的动态效果，从而激发学生兴趣。

介绍各种磁铁名称。

认识磁力活动：“探物游戏”。

（1）猜想磁铁能吸引哪些物体，不能吸引哪些物体。

（2）教师引导学生讨论用什么方法进行实验（将物体从盘子里一样一样拿出来，用磁铁从不同方向接近被实验物体）。

（3）学生实验。

（4）汇报实验结果。

（5）教师提问：能被磁铁吸引的物体是什么材料做的？

引导学生总结，使学生认识磁铁能够吸引铁的事实，进而认识磁力（磁铁的这种吸引力就是磁力）。

认识磁极活动“哪里磁力大”：

（1）引导学生讨论磁铁各部分的磁力大小。

（2）各小组讨论怎样设计实验。

（3）学生进行实验。

（4）教师引导学生进行归纳、总结。

① 各种形状的磁铁，都有一些共同的性质——不同部位磁铁吸铁的能力不同。

② 磁铁各部分的磁力大小并不相同。

③ 磁铁磁力最大的部分称为磁极。

小结：通过以上的实验我们知道了磁铁有磁力——能吸引铁；磁铁有磁极——磁力最大的部分，这就是我们今天学习的内容——神奇的磁力，现在请你们来体验用磁铁制造“花丛中飞舞的蝴蝶”的乐趣吧！

教学设计说明：

小学科学课程标准中明确指出，小学科学的学习方式以科学探究为核心。亲身经历以探究为主的学习活动是学生学习科学的主要途径。科学课程应向学生提供充分的科学探究机会，这样才能体验学习科学的乐趣，增长科学探究能力，获取科学知识，形成尊重事实、善于质疑的科学态度。因此，在本次活动中教师遵循这一原则，组织和安排课堂教学活动。

根据本课教学内容的特点，联系小学生对实验操作很感兴趣的实际情况，在本课教学中采用的教学方法主要为“实验法”。学生能看得见、摸得着，在实验过程中得到直观、生动的感性认识，有利于培养学生的学习主动性、能动性；有利于激发学生的学习兴趣，提高实验探究能力。同时，在采用“实验法”的基础上，结合“观察法”“讨论法”“谈话法”等方法进行教学。

为顺利完成本课制订的知识与技能目标，抓重点，破难点，在课程标准理念的指导下，在课堂教学中教师着重教给学生“提出问题—猜想—实验证明—得出结论—应用”的科学探究的学习方法。同时，以观察、提问、讨论、小组实验等活动为载体，开展学生自主性探究式学习，以培养学生的自学能力和协作学习能力。

根据本次活动制订的教学目标，遵循科学研究过程的一般规律，联系小学生的生活实际，本着优化课堂结构的思想，本课教学设计了以下三个主要环节：

（1）从问题开始，激发兴趣，导入新课。一个活动的顺利开展主要在于教师的正确引导和学生的积极参与。针对小学生好奇心强、求知欲旺盛的特点，在教学引入环节通过活动“花丛中飞舞的蝴蝶”来激发学生的学习兴趣。

（2）用活动展开，解决问题，获得新知是本课教学的中心环节，也是突破重难点的重要环节。这是因为新的科学课堂要求教师必须树立以“活动”为载体的基本理念，以“活动”为载体是指课堂教学要以活动为主，以学生的亲身实践、亲身体会为主线，通过活动组织课堂教学。人们对知识的理解是通过思维活动实现的，而思维只有在丰富的感性认识的基础上才能进行。所以，这部分就是通过指导学生从观察入手，亲自操作实验，经过分析思考，了解客观现实，获得生动、具体的感性认识，并逐步形成理性认识。这一部分安排了两个实验。

第一个实验，指导学生认识磁力，做“探物游戏”。

这个实验是本课的教学重点，主要采用引导学生定向探究的学习方式。

首先，教师给出材料请同学们猜想：磁铁能吸引哪些物体？待学生猜想后，让学生讨论怎样进行实验，从而引导学生采用合适的实验方法。然后，通过动手实验让学生来验证自己的猜想。最后，通过汇报实验结果，引导他们总结出能被磁铁吸引的物体是铁做的，使学生认识磁铁能够吸引铁的事实，进而认识磁力。

第二个实验，指导学生设计实验“哪里的磁力大”。

在这个实验中，教师引导学生开展探究式学习。首先，让学生回忆“磁铁是怎样吸起许多大头针的”。接着，提出问题“磁铁不同部位吸铁的能力相同吗”，请学生设计简单易行的实验方法，并进行讨论，这样进一步培养学生设计实验的能力，激发学生的研究兴趣。待学生选出一种简便的实验方法后，让学生充分实验，大胆操作，目的是引导学生自己探索、自己获取知识，从而享受成功的喜悦。最后，通过讨论汇报得出结论：磁铁两端的磁力最大，教师给出科学概念“磁极（磁铁磁力最大的部分称为磁极）”。

在整个研究活动中，学生可能在学习中提出问题，教师应及时引导，让学生自己在探索实践中得到解决，从而形成正确的认识。教师始终作为学生学习的伙伴和合作者，亲身介入学生的科学探究活动，并对学生在科学探究活动中的突发情况及时修改调整，有效地推动学生的科学探究活动。这样既体现学生是科学探究的主体，教师是科学探究的引导者，又使学生通过科学探究的活动，体验到学习科学的乐趣，增长科学探究的能力，同时形成尊重科学知识、善于质疑的科学态度。

（3）联系实际、深化认识，以活动结束。在这个环节中，教师带领学生再次进行“花丛中飞舞的蝴蝶”的游戏活动，引导学生将所学知识运用于实践，这样设计的目的是巩固所学知识，强化已有概念，同时培养学生爱科学、学科学、用科学的兴趣。通过以上教学活动环节的设计，希望学生能充分发挥自身的能动性，在教师引导下，经历“提出问题—猜想—实验证明—得出结论—应用”的科学探究程序，顺利地实现本课教学目标。

三、《天气与生活》教学设计与反思

（一）教学目标

（1）认识到天气对人类生活的影响，知道了解天气、预知天气很重要。

（2）体验科学探究中证据的重要性，知道科学探究必须尊重证据。

（3）欣赏、体验大自然的美，意识到人与自然应该和睦相处。

（二）教学准备

学生准备：

（1）搜集几幅自己最喜欢的天气图片。

（2）搜集有关天气的谚语。

（3）调查、了解不同的天气中人们的生活和工作情况，搜集相关的图片及资料。

教师准备：

补充、搜集不同天气的图片、天气与生活的关系的图片、影像及资料，气象学家的故事，有关天气的谚语等教学资源。查找、验证、选择相关网站，如中国气象影视信息网、新浪网天气预报、天气在线等。

（三）教学过程

引入：

（1）谈话：同学们，今天的天气怎样？谁来说一说？

（2）学生自由描述后，教师引出问题：你喜欢这样的天气吗？为什么？

（3）你们最喜欢什么样的天气？把你搜集的图片和自己小组的同学交流一下吧！

（学生边展示自己带来的图片边介绍。教师在学生小组交流完之后，多请几名学生把图片拿到实物投影仪上展示、讲解。这样既使学生在不知不觉中进入学习情境，又培养了学生大胆发言、乐于交流的心理品质，增强学生的自信心）

（4）谈话：同学们搜集的资料真丰富，介绍得也很精彩。对于天气你们还了解哪些事情？你们是怎样知道的？

（5）学生交流自己所了解的信息及掌握信息的渠道，教师加以肯定和鼓励。

探究：

（1）课前老师也搜集了一些天气的图片，请大家欣赏一下。

（教师播放多媒体课件，优美的轻音乐响起，大屏幕上依次出现碧空万里、阳光明媚、淅沥小雨、雨后彩虹、雾天雾凇、洁白树挂、大雪纷纷、银装素裹的世界、多姿冰凌、迷人的秋叶等景象）

（2）引导学生再次交流：在这样的天气里，你有什么感受？

（学生自由表达，交流各种感受。教师引导学生注意天气的美，欣赏天气，赞美天气，使学生初步认识到天气对人的影响）

（3）天气时刻都在发生着变化，天气的变化为我们呈现出一个美丽纷呈的世界。你认为天气与我们的生活有什么关系？请同学们根据自己的经验和观察，小组内讨论一下。

（学生具有了一定的生活经验，这是学生学习的基础。通过小组内的交流、互动，进一步拓宽了学生的感知，较深入地认识到天气与生活息息相关）

（4）汇报交流、讨论的结果。

（汇报时，教师引导学生从不同的角度思考，从正、反两方面说明天气对人类生活的影响）

（5）小结：同学们说得很好。天气确实与我们的生活密切相关。老师这里还有一些资料，真实地反映了天气与我们生活的关系，请大家一起来看一看。

（教师播放课件。图片情景：晴天收割庄稼、干旱不利于农作物生长、雪天给人们的生活带来不便、海啸可以摧毁房屋、狂风吹倒大树、暴雨影响交通、晴天晒玉米、油菜等农作物在适宜的天气中长势良好；录像情景：飓风、龙卷风肆意横行破坏，冰雹砸毁庄稼，海啸、洪水吞没房屋、摧毁村庄……）

（6）启发：通过刚才的观看，你又有什么体会？

（7）学生谈体会。

（8）师生共同小结：看来，天气的变化对人们的生活确实有很大的影响，天气变化能引起人们生活的变化。

（9）提问：怎样知道天气情况呢？

（学生可能说出可以收听、收看天气预报节目，观察云朵、星空，询问气象局、打 12121 电话查询，观察周围动物等方法）

（10）播放一段天气预报（凸出明天、后天我们所在地区要降温、下雨），提问：听到天气预报，你怎么想？你想做哪些准备？你还想提醒谁也做好准备？

（鼓励学生提出自己的见解，说出自己的依据，在相互交流中，体会到预知天气的重要性。“还想提醒谁也做好准备”一环节，请几名学生合作演一演，评一评）

（11）小结：在生活中，我们应该做个有心人，注意观察周围的现象，收听、收看天气预报，及时了解天气的变化情况，尽量避免因天气的变化给我们带来的不便。

（12）谈话：坚持观察、研究天气情况是一件非常了不起的事情，让我们走近科学家，看看他们是怎样做的。

（播放剪辑的小故事：气象学家黄荣辉、姚宜民的故事，科学家竺可桢的事迹，激发学生学习科学家认真细致、持之以恒、不懈探索的精神和意志。）

（13）交流：说说看了科学家的故事有什么感想。

（14）谈话：让我们也像科学家那样，从身边开始，观察天气情况吧。把我们观察到的现象详细地记录下来，两周后，我们比一比，看谁观察、记录得详细。

拓展：

（1）对于天气与生活，同学们还想了解什么？还有哪些感兴趣的问题？

（2）学生提出问题、想法，教师帮助梳理，请小组确定几个最想研究、最想知道的问题，教师提供几个网站，让学生自主查阅。（如中国气象影视信息网、新浪网天气预报和天气在线等）

（3）学生交流后，上网浏览、查阅、记录。

（4）交流自己的收获和感受，谈一谈还未完成的或还想了解、探究的内容。

（5）评价：这节课有什么收获？大家对自己在这节课中的表现感到满意吗？给自己一个恰当的评价吧。

（6）学生自评后引导互评。

（7）延伸：课下同学们想做些什么？有什么新的计划？

（通过引导学生计划课下的活动，帮学生审视自己的实际情况，进一步明确自己的探究目标和方向，鼓励他们把探究继续下去，真正把课堂的探究活动延伸到课外。这样做，也有助于引导学生对天气现象进行持续的观察，形成持之以恒、坚持不懈的探究科学的品质）

（四）教学反思

（1）本课教学中，布置学生做课前的准备，是想让学生尽量多地学习生活经验。开课让学生描述今天的天气情况，问学生喜欢什么样的天气，介绍自己搜集的图片资料、了解信息的渠道及欣赏老师准备的图片，是了解、理顺学情。在学生谈看图片后的感受后，顺势提出天气与生活有什么关系，为本课的探究活动确定方向。之后的看课件了解天气对生活的影响，使学生感受到预知天气的重要性，走近气象学家，上网查询探究自己确定的问题，课后有计划地继续探究活动，构成了一个开放的体系。这样的设计具有整体性和开放性的特征。

（2）网络资源及各种资源的利用。教师要有充分利用各种资源的意识，也要使学生具备这种意识，学习利用身边的资源进行科学探究。毋庸置疑，网络资源为科学教学及科学探究活动带来了方便，教师、学生都已逐步认识和认可了这种探究途径。学校的气象站有较为完善的观测记录天气状况的仪器设备，气象站中的指导老师和同学都是可被采访和请教的对象，这是师生皆可利用的资源。这些资源的利用和效果在本课体现得较为成功。课后教科室的老师建议，可以把气象局的专家（或有相关经验的学生家长）请到课堂上来，一是可以拉近学生与科学的距离，让学生感受到科学在我们身边，专家在我们身边；二是可以用榜样的力量调动学生的积极性，使学生对天气现象产生兴趣，乐于探究；三是可使学生对如何进行观察、记录、思考、研究有一个正确的科学的感知。经过反思，我认为这种做法是可行的、高效的，也是必要的。下一次再备课，要把这个环节考虑进去。

四、“唤醒种子里的生命”教学设计与评价设计

“唤醒种子里的生命”是广东教育出版社义务教育课程标准实验教科书五年级下册第七课的内容，需要一个课时。这节课主要是学习种子发芽过程所需要的一些外界条件，它是第七课的第二课时，是在学生学习了“什么样的种子能发芽”的基础上进行的，也是后面学习种子的发芽过程、子叶的作用等内容的重要基础。

（一）教学目标分析

（1）科学知识目标：知道种子发芽过程需要的一些外界条件及成因。

（2）能力培养目标：学生经历“实验—观察—分析”的科学探究过程，掌握科学探究的一般方法。

（3）情感态度价值观：通过实验研究，培养细心观察、认真分析的好习惯，体验科学探究的乐趣；了解种子发芽的有关知识，体会植物的奥秘。

（二）教学重点、难点

重点：组织学生经历科学的实验和探究，将实验的条件和实验的结果联系起来，进行前因后果的分析，得出科学的结论。

难点：根据实验整理、分析研究结果，总结种子发芽过程所需要的外界条件。

（三）学习者特征分析

参与学习的是五年级学生，通过平时的观察、了解，该年龄段的学生具备了一定的科学素养，有一定的实验操作能力和观察能力，对种子的发芽过程有一定的感知。同时，学生对科学课的学习有较强的兴趣，动手实验能力不断在加强，对生活中隐含科学问题的事件兴趣浓厚，但学生实际操作能力和科学活动的分析能力还不强。

（四）教学策略选择与设计

本节课，教师采用了实验法、分析法、猜想—探究法等方法组织教学。首先，以问题情境引入新课，阐明本课的学习内容。接着，引导学生进行猜想、探究种子发芽所需的外界条件。然后，让学生分析实验中种子发芽和不发芽的原因，让学生真正理解种子发芽所需的外界条件，并进一步讨论种子发芽的其他外界条件。最后，通过小结进行课后延伸学习。

第四章　小学科学体验式教学

第一节　体验式教学的基本内容

要确立体验式教学的基本含义，首先要明确何谓“体验”和“体验教育”。

体验，《辞海》解释为：通过实践来认识周围的事物；亲身经历。有专家认为，体验是指人通过眼、耳、鼻、舌等器官或自己身体行为直接感知客观“现象”，并开动思维机器认识现象和本质的过程。而刘惊铎则认为，体验是一种图景思维活动。其中，“图景”是一种跨越时空的有机的整体性存在，它同时包含着个体过去的生活经历、当下生活场景和未来人生希冀的蓝图。其显著特征是整体性、现场性和超越性。

对于体验教育，人们的解释多种多样，其中最具代表性的有两种：体验教育是通过实践（亲身经历）来认识周围事物的教学活动；体验教育是以图景思维活动为主的教学活动。我们认为：体验教育是以学生的生命发展为宗旨，以学生的生命世界为基本内容，以体验为主要方式的教学活动。

那么，何谓体验式教学？

一、教师应积极创设各种情境

情境是体验式教学的基本要素。在体验式教学中，教学活动必须要在一定的情境中进行。创设情境，是体验式教学的首要条件。情境可以是真实的，也可以是虚拟的。真实的情境指的是学生身在其中的生活世界、社会世界和自然世界；虚拟的情境指的是能反映学生生活世界、社会世界和自然世界的图像、虚拟演示和文字描述等。作为教师，应积极创设各种情境，使教学活动在情境中展开和深入。

二、学生在各种情境中进行充分的体验

体验是体验式教学的关键要素。体验式教学就是要让学生在各种情境中进行充分的体验。在此，学生是体验式教学的主体，情境是体验式教学的客体，体验是体验式教学的中介。体验式教学的过程实质上是主体（学生）通过中介（体验）作用于客体（情境）的过程。体验这一中介作用的发挥大小，主要取决于体验的充分与否。只有让每个学生在教师、同学和师生共同创设的各种各样的情境中进行全面的、独特的体验，才能最大地发挥体验式教学的作用。

三、学生在体验中得到优化发展

让学生在体验中得到优化发展，这是体验式教学的目的。体验式教学以体验为教学方式，这种教学方式比之于其他教学方式有其独特的优越性，这种优越性通常能使学生得到优化发展。这里的优化发展主要包括两个方面：一是全面发展，即每个学生各方面的发展；二是个性发展，即每个学生独特的个体发展。综上所述，我们可以对体验式教学做如下初步的定义：体验式教学是在教学中积极创设各种情境，让学生进行充分的体验，使学生得到优化发展的教学方式。情境、体验、发展是体验式教学的三要素。

第二节 小学科学体验式教学的功能与类型

一、体验式教学是教学方式的变革

我们知道，教学方式指的是在教学过程中采用的基本行为和认知取向。教育是随着社会的发展而发展的，教学方式是随着教育的变化而变化的。

在传统教学中，教学方式主要有注入式教学和启发式教学。注入式教学，是指教师把学生当作盛装知识的容器，向其灌注大量现成的知识。在教学活动中，学生是消极、被动的接受者，学习的特点是接受和记忆其结果，学生学到的知识不少，但是灵活运用和发现创造的能力、智力以及情感世界的全面发展受到限制和损害。启发式教学，是指学生在教师的启示、诱发下进行学习。启发式教学虽然强调了学生的主体作用和教师的主导作用，强调了在学习知识的同时提高能力；但是这种教学方式仍未将学生真正放在完全的主体地位，常常表现为一种一问一答的“牵羊”式的教学。这两种教学方式一直主导着传统的教育，特别是我国的应试教育，在一定程度上严重影响了教育的发展。

随着人类社会的不断发展，尤其是21世纪对教育的高要求，传统的教学方式已远远不能适应时代和未来的需求。教学方式必须改革，而且迫在眉睫。在20世纪末，联合国教科文组织首先提出了转变教学方式是21世纪教育发展的关键。其次是世界大多数国家的教育改革，尤其是我国基础教育课程教学改革也提出了这一观点。

教学方式如何改革？联合国教科文组织指出，要让学生“学会认知、学会做事、学会共同生活、学会生存”。我国的基础教育课程教学改革指出：改变课程实施过于强调接受学习、死记硬背、机械训练的现状，倡导学生主动参与、乐于探究、勤于动手、培养学生收集和处理信息的能力、获取新知识的能力、分析和解决问题的能力及交流与合作能力。在各科课程标准里明确提出了倡导“自主、合作、探究”的学习方式，并反复提及“体验”一词。

21 世纪将是一个以人为本的世纪，21 世纪的教育将是一种以人为本的教育。而教育要求以人为本，教育目的以人的发展为根本，教育内容以人的生命世界为基本，教学以体验式教学为主要方式。实质上，无论是联合国教科文组织的报告，还是我国的基础教育课程教学改革，都顺应了这种社会和教育发展的新趋势。

就此，我们认为体验式教学的功能之一便是为了改变旧教育，创立新教育而进行的一项教学方式变革。

二、体验式教学是达成三维目标的良好途径

我国《基础教育课程改革纲要》指出：改变课程过于注重知识传授的倾向,强调形成积极主动的学习态度，使获得基础知识与基本技能的过程同时成为学会学习和形成正确价值观的过程。知识与技能，过程与方法，情感、态度与价值观，这是我国本次基础教育课程改革中各学科教育目标的三个方面，简称三维目标。我们知道，注入式教学注重知识的输入和传授，忽视学生能力、智力和非智力因素的发展，这种教学方式是无法实现三维目标的。启发式教学虽然强调了学生的主体作用、能力的培养和方法的获得，但仍忽视过程的掌握、情感的培养、态度的改变和价值观的提升，也难以实现三维目标。

那么，采用怎样的教学方式，才能较好地实现三维目标呢？我们认为体验式教学是理想的选择。这是因为体验式教学是在一定的情境中，让学生进行充分体验，使学生得到全面发展的一种教学方式。创设情境、充分体验、全面发展是体验式教学的三要素，而充分体验是关键，全面发展是目的，只有通过学生的充分体验，才能使学生得到全面的发展，这种全面发展包括知识与技能的发展，过程与方法的发展，情感、态度与价值观的发展。

所以，我们认为体验式教学是实现三维目标的良好途径。

三、体验式教学能促进学生的终身发展

体验式教学对学生的发展体现在全面性和独特性两个方面，这两个方面

均能促进学生的终身发展。

首先是全面性。体验式教学使学生的知识与技能，过程与方法，情感、态度与价值观均能得到发展，为学生的终身发展提供基本保障。

其次是独特性。体验式教学由于是以学生的生命世界为基本内容，以体验为主要教学方式，而学生的生命世界是具有独特性的，体验又是一种奇特的心理活动，所以在体验过程中，学生往往会出现一些特殊的感悟，这些感悟有时会使学生发生深刻的变化，甚至影响终身。因此，我们认为体验式教学能促进学生的终身发展。

四、情境体验式是体验式教学的基本类型

体验式教学是一种在一定的情境中让学生充分体验的教学方式。情境与体验是体验式教学的基本要素，创设情境、充分体验是体验式教学的两个基本环节。体验式教学的过程，简言之，就是情境体验的过程。情境体验是体验式教学的基本类型。

（一）情境

情境是情境体验式教学得以进行的必要的前提和基础。在情境体验式教学中，首先必须创设体验的情境，没有情境，体验活动就无法进行。

情境的创设者可以是教师，也可以是学生，提倡师生共同创设和学生自主创设。情境是多种多样的，大致可分为两大类：一类是虚拟情境，如文字描述情境、图像呈现情境、模拟实际情况等；另一类是实际情况，如实物情境、实际场景情境等。

（二）体验

体验是情境体验式教学的核心和关键。对情境的充分体验是情境体验式教学中的中心环节。体验的充分与否决定着情境体验式教学的成败与成效之大小。体验，必须注重学生主体作用的发挥，要让学生进行充分的体验，这种充分体验包括充分利用各种感官，充分调动大脑中的已有经验，充分发挥

情境的作用，充分使学生得到全面而独特的发展。

体验的形式是多种多样的，大体上有以下几种分类。

（1）直接体验与间接体验。从体验情境的呈现方式来分，体验可分为直接体验与间接体验两大类。

直接体验指的是体验者在实际存在的情境中进行的体验。间接体验指的是体验者在虚拟实际的情境中进行的体验。

（2）生活体验、社会体验与自然体验。从体验的内容来分，体验可分为生活体验、社会体验和自然体验等。

生活体验指的是体验者对生活情境的体验，社会体验指的是体验者对社会情境的体验，自然体验指的是体验者对自然情境的体验。

（3）全面体验与独特体验。从体验的范围与目标来分，体验可分为全面体验和独特体验。

全面体验指的是体验者对体验之情境进行全方位体验，并得到全面发展的体验。独特体验指的是体验者对体验之情境进行局部的某一方面的体验，并得到独特发展的体验。

体验，从主体维度来分，还可分为被动体验和主动体验；从内容维度来分，还可分为接受体验与创造体验；从空间维度来分，还可分为紧张体验与庇护体验；从时间维度来分，还可分为期待体验与追忆体验；从心境维度来分，还可分为开放体验与封闭体验；等等。

五、使体验式教学的具体范式多样化

情境体验是体验式教学的基本范式，由此基本范式可以派生出许多具体范式。

（一）欣赏体悟式

欣赏体悟式指的是体验者对文字描述、图画音像、现实场景等情境进行欣赏，得到感悟的教学范式。这种教学范式主要应用于语文教学、艺术教学、英语教学等。

（二）活动体验式

活动体验式指的是体验者通过亲身参加实际活动得到发展的教学范式。这种教学范式主要应用于语文、数学、生活与思品（社会与思品）、体育、综合实践活动等。

第三节　小学科学体验式教学策略与评价

一、树立让学生在体验中成长的教学理念

教学理念是教育的灵魂，它是随着教育的发展而发展的。当前，在大力提倡人本教育的时代里，我们必须改变传统的教学理念，确定与时代教育相配备的教学理念。这种新的教学理念便是让学生在体验中成长。

在过去的教育中，尤其是我国的应试教育，忽视人的生命发展，忽视学生的生命世界，忽视体验式教学。这种教学已极大地影响了学生的健康成长。

21 世纪的社会，是一个以人为本的社会；21 世纪的教育是一种以人为本的教育。这种以人为本的教育要求我们在教学方式上以体验式教学为主体，在教学内容上以学生的生命世界为基本，在教学目的上以学生的全面发展为根本。

旧教育的弊端和新教育的要求，需要我们改变教学理念，必须树立让学生在体验中成长的教学理念。

二、努力实践体验式教学

改变教学理念固然重要，但真正重要的是能否将先进的教育理念转化为具体的教学行为，并将之优化。

要将体验式教学真正落到实处，必须构建体验式教学课堂。

（一）以体验为主

体验式课堂教学必须要具备教学内容的体验化和教学方式的体验性，教学内容要以学生的生活世界、社会世界、自然世界等为基本，教学方式要以学生的亲身经历为主。创设情境是基础，情境是学生学习的材料，充分体验是关键，体验是学生学习的方式。体验式课堂教学过程，实质上是学生不断体验、不断深化的学习过程。

（二）尽力开放

在体验式课堂教学中，我们必须要做到尽力开放。开放体验的时间可以是过去的，可以是当前的，也可以是未来的；体验的空间可以是教室内的，也可以是教室外的，如家里、社会、大自然等。开放体验要以学生为主体，营造充分自主、充分自由、充分安全的氛围，让每个学生充分体验、充分发挥。开放体验目标，可以是知识与技能，可以是过程与方法，还可以是情感、态度和价值观。

（三）追求实效

在体验式课堂教学中，要注重追求实际效果，不能摆花腔，走过场。

三、构建多元化的评价标准

体验是一种综合性心理活动，体验式教学是一种立体式的教学方式，体验式教学所要达到的目标是多维的、全面的。因此，体验式教学的评价标准是多元化的。那么，如何构建多元化的体验式教学评价标准呢？

首先，我们来分析一下体验式教学的目标。体验式教学的总体目标是促进人的全面发展，而人的全面发展主要包括三个维度，即知识与技能的发展，过程与方法的发展，情感、态度与价值观的发展。

其次，我们来确定体验式教学的评价标准。我们知道，教学目标是教学评价的依据，既然体验式教学的目标已明了，那么，体验式教学的评价标准也可基本确立。我们认为体验式教学的总体评价标准是人的全面发展，具体评价标准主要包括三个方面，即知识与技能的发展，过程与方法的过程，情感、态度与价值观的发展。

四、采用多样化的评价方式

根据体验式教学的特殊性，体验式教学的评价方式应力求多样化。

（1）从评价对象来分，可采用学生评价、教师评价和家长评价。

（2）从评价时间来分，可采用过程评价和结果评价。

（3）从评价形式来分，可采用书面评价和情境评价。

应该指出的是，体验式教学评价方式更侧重于学生评价、过程评价和情境评价。

第五章　小学科学的推理教学

第一节　小学科学中的归纳推理教学

一、归纳推理概述

（一）归纳推理的含义

归纳推理就是从若干个个别的认识前提出发，推出一般性结论的推理。这种推理是对若干个个别事物的情况的逐一断定，结论是一般性认识。

人们发现，某些生物的活动是按时间的变化（包括昼夜交替或四季更迭）来进行的。

对鸡进行观察，分析鸡的活动后，发现“鸡叫三遍天亮”，得到一个抽象的单称判断，即鸡的活动具有时间上的周期性规律。

对牵牛花进行观察，分析牵牛花呈现的状态后，发现“牵牛花破晓开放”，得到一个抽象的单称判断：牵牛花的活动具有时间上的周期性规律。

对青蛙进行观察，分析青蛙的活动后，发现“青蛙冬眠春晓”，得到一个抽象的单称判断：青蛙的活动具有时间上的周期性规律。

对大雁进行观察，对大雁的活动分析后，发现“大雁春来秋往”，得到一个抽象的单称判断：大雁的活动具有时间上的周期性规律。

鸡的活动、牵牛花的活动、青蛙的活动、大雁的活动……都是生物的活动。由各个抽象的单称判断，概括出抽象度更高的全称判断，或者经历分析、综合、抽象、概括，得到一般结论：一切生物体的活动都具有时间上的周期性规律。而分析、综合、抽象、概括过程，其中必然使用比较与分类，是思维过程。思维过程是我们的思维活动必须经历的，而其中使用的方法就是所谓的归纳法。使用归纳法由多个单称判断得出全称判断，就是归纳推理。

（二）归纳推理的性质

归纳方法是人类获得对客观世界认识的主要方法，归纳推理对于人类以类的方式认识世界具有重要意义。归纳推理结论的一般性认识，无疑是由前提中的若干个个别认识概括出来的。但分为两种情况，一种情况是考察某类的全部个体对象，根据它们具有的共同属性或特征，概括得到关于该类全部对象的一般结论，这是完全归纳推理。如三角形包括锐角三角形、钝角三角形和直角三角形，锐角三角形三个内角和是 180 度、钝角三角形三个内角和是 180 度、直角三角形三个内角和也是 180 度，概括得出结论：所有三角形三个内角的和都是 180 度。在完全归纳推理中，结论所断定的未超出前提的范围，结论是被前提所包含的，所以完全归纳推理具有必然性，可称为必然性推理。另一种情况是只考察一类中的部分个体对象，根据这部分个体具有的共同属性或特征，视为该类事物整体的属性或特征。概括出该类全部对象的一般结论，是不完全归纳推理。在不完全归纳推理中，结论所断定的超出了前提的断定范围，是对前提原有认识的拓展。因此，其结论不具有必然性，称为或然性推理，也就是说完全可能存在不符合一般性结论的反例。例如，考察各种物体受热和冷却后体积的变化，概括出“物体都具有热胀冷缩的性质”。但是水在温度降低到 4 摄氏度时，体积又是膨胀的。当然，科学上，当出现反例的时候，并不是立刻推翻结论，而是暂时把这个反例作特例处理。从性质上来看，归纳推理得到的结论具有可错性。这也是归纳方法或说归纳推理在认识事物方面的局限性。

（三）归纳推理的应用前提

运用归纳推理，首先必须收集和占有事实材料。而收集和占有材料的方式就是观察、实验、旁证和调查。对科学来说，主要是观察和实验。对于亲自获得的现场材料或者是获得的二手资料，在这里分为直接性观察和间接性观察。直接性观察是有目的、有计划，通过个体感官对获得的事物属性或特征进行观察，如小学科学教学中，观察植物的根、茎、叶、花、果实和种子等；观察月相、岩石标本、矿物标本等；观察像的特点、声音的音强和音调、物体的冷热等，都是直接性观察。间接性观察，是指通过视频、照片甚至描绘图这些反映事实的资料进行的观察，如观察动物活动的视频或动物图片，观察火山、地震、海啸等视频或图片等，这些是间接性观察。实验也是观察，但具有特殊含义，即科学上为阐释某个原理而创设特定条件，人为地引起和控制现象的发生，以观察其变化的过程和产生的结果。这样，实验可以起到对事物精确研究的作用，也可以起到稳定某种现象或让某种现象重复出现而揭示原因或规律的作用。总结来说，归纳推理是以获得大量科学事实为前提的。

（四）归纳推理的分类

归纳推理由于前提与结论的范围不同，分为完全归纳推理和不完全归纳推理。在科学上，一般情况下很难考察某一类的所有个体对象，基本上都是不完全归纳推理，如通过对大量青蛙的观察，发现青蛙的前肢发育出四趾。尽管观察的青蛙数量足够多，但也不是全部，不能排除没观察到的有三趾或五趾的可能。而且青蛙在不断繁殖，不断产生新的青蛙，也不可能无限地观察下去。因此，我们后面的讨论就只针对不完全归纳推理。

客观世界是一个有内在联系的有机整体，自然界和人类社会的一切事物、现象都不是彼此孤立的，而是相互联系、互相制约的。因果联系是客观事物普遍联系中的一种。归纳方法是人类认识世界的重要方法，也是认识世界因果联系的方法，也就成为探究因果联系的逻辑方法。何为因果联系？如果一个现象的出现能够引起另一个现象出现，那么能引起另一个现象出现的现象叫原因，而被引起的现象叫结果。因果联系，既有客观性，也有普遍性，还呈现出时间上的顺序性，即原因在前、结果在后。归纳推理是寻求一类事物的共同特征或属性，但寻找的共同特征或属性的性质不同，采用的方式也存在区别。因此，寻找因果关系的归纳方法分为：求同归纳法、求异归纳法、求同求异共用法、共变法、剩余法和典型归纳法。

（1）求同归纳法是直接寻找一类事物的共同特征或属性以获得类概念或普遍性认识。求同归纳方法是指在不同情境中都有一个因素总是存在，都出现了一个相同的现象，则这个因素与这个现象存在因果关系，如鸟产卵在鸟窝中孵化出小鸟、乌龟产卵埋在沙中孵化出小乌龟、鱼产卵在水中孵化出小鱼、青蛙产卵在水中发育成小蝌蚪、蚕产卵发育成幼虫……在这些不同的情境中，都有“产卵”这个因素存在，都呈现出相同的现象，即繁殖出了新的个体。产卵是这种繁殖方式的原因，也是这种繁殖方式的特征，概括出这种繁殖方式就是“卵生”。

（2）求异归纳法是通过制造差异的方式间接找到共同特征或属性。求异归纳法是当一个因素存在的时候，有一个现象出现，当这个因素不存在时，这个现象也消失了，则这个因素是这个现象产生的原因。例如，准备两块有机玻璃板，其中一块上钻有一些细孔。将吸贴分别按在两块有机玻璃板上，发现吸贴可以牢固地贴在无孔的有机玻璃板上，而有孔的有机玻璃板根本贴不上。从现象上来看，有机玻璃板无孔是吸贴可以贴上的原因。但与有孔有机玻璃板比较，不是粘上的，而是吸贴与有机玻璃板间的空气被排出，吸贴背面受到大气压力被压在有机玻璃板上的。因此，得出结论：大气压力使吸贴贴在有机玻璃上。大气具有压力，但在日常生活时，我们就处在大气之中，却并没有感受到。这种情况下，我们要制造差异，就是把气体去掉，看去掉以后的效果，反过来（或者间接地）感知大气的这种作用——压力。再看“马德堡半球”实验，中医用机械抽气式“拔火罐”，都可以呈现无空气存在的效果，然后感知空气的压力。这时，我们可以概括出一般性结论：空气具有压力。

（3）求同求异共用法是寻找到共同性特征又可以得到差异性特征的归纳方式，从而分出小类与大类。如果在若干因素出现的情境中出现一个共同现象，而在这些因素不出现的情境中都没有这个现象，那么这个现象就与这些要素之间有因果联系，如导体和绝缘体概念的得出。将铜条、铁条、铝条、干木条、塑料条、橡胶条等分别接入简单电路，可以看到铜条、铁条、铝条使小灯泡点亮；干木条、塑料条、橡胶条不能使小灯泡点亮。铜条、铁条、铝条这些因素导致一个共同结果——小灯泡亮了，则这些物体是使灯泡亮的原因。这些物体也就具有容易导电的性质，归为一类，产生一个类概念，即导体。干木条、塑料条、橡胶条这些因素导致一个共同结果——小灯泡不亮，则这些物体是使灯泡不亮的原因。这些物体也就具有不容易导电的性质，归为一类，产生一个类概念，即绝缘体。我们看到，求同求异共用法是一种组合方法，两次用到求同法，一次用到求异法。求异是以两次求同的结果为依据的。

（4）共变法是寻找事物间变化性的联系从而确定共同的规律性特征。在不同的情境中，如果一个因素发生变化，有一个现象也随着发生变化，那么这个因素与这个现象间存在因果关系，如物体浸入水中其浸入体积与所受浮力的关系。设计一个实验，用弹簧秤提起物体，测出其在空气中的重量，然后将用弹簧秤提着的物体浸入水中四分之一、四分之二、四分之三、全部浸入和继续沉入。物体在空气中的弹簧秤示数减去物体浸入水中的弹簧秤示数就是浮力。发现物体浸入水中的体积越大，物体所受浮力越大，当全部浸没水中后，浮力不再变化。在教学中，各个小组的实验可视为不同的情境。每个小组的实验，都在寻找浸入体积变化与浮力变化的关系。使一个因素变化，就是物体浸入水中的体积变化，考察所出现现象的变化，就是浮力的变化。一般说来，各组实验基本呈现出物体浸入水中体积越大，浮力越大，体积不变则浮力不变的规律。这就是寻找到的浸入体积变化与浮力变化之间规律性的共同特征。

（5）剩余法是通过剩余因素与剩余现象的对应联系找到因果关系的方法。在某个情境中，若干个因素（剩下一个），都对应若干个现象（剩余一个），都找到了因果关系，那么剩下的一个要素就与剩余的一个现象存在因果关系。剩余法就像算数中的减法，在一组复杂现象中，把已知有因果关系的现象减去，再探求剩余现象的原因，也就是由余果求余因。如人们使用雷达向地球大气的电离层发射电波，然后分析接收的回波，从而研究电离层对电波的影响。可是发现回波往往有所增强，所增强的回波可能是发射波在空中遇到了其他能反射波的物体。在第二次世界大战期间，航空部队用雷达搜寻发射的导弹，发现除了接收到火箭回波外，有时还能接收到距离差不多的另外物体的回波。在观测流星雨期间，当许多看得见的流星经过头顶上空时，发现可以接收到很强的无线电回波。由此可以断定，增强的回波是因为流星的存在。我们看，流星是我们探索对象以外的剩余因素，增强的回波是我们预期接收到的回波以外的剩余现象。这样，将剩余因素与剩余现象对应起来，建立起它们之间的因果关系：因为存在流星，所以会接收到更强的回波。

（6）典型归纳法是对一类确定事物一个个体的研究得到这一类事物的共有属性。也就是说，从一类事物中选择一个样本作为典型，对它进行考察，然后将其显示的某种属性概括为同类其他个体对象共同具有的属性。如“麻雀五脏俱全”，就是通过解剖一个麻雀，发现这个麻雀心、肝、脾、胃、肾都有，从而断定所有的麻雀都具有这些内脏。麻雀是一类鸟，所解剖的是一个麻雀，这个麻雀就是麻雀这类鸟的一个典型代表，或称样本。解剖这个麻雀，发现其具有心、肝、脾、胃、肾。这个麻雀的内脏结构应该是整个麻雀类都具有的，所以概括出所有麻雀都具有同样的内脏结构。典型归纳推理的前提是对一个确定的类任意选择典型性个体作为样本。通过对这个样本的研究，发现其内在属性，再将这些属性推广到这个类。发现内在属性的过程，就是科学研究的过程。对于有确定类的新属性或内在属性的研究，采取选取典型的方式，更经济和具有效率。因此，典型归纳法是现在科学研究常用的方法。有些逻辑学书中，也称这种方法为科学归纳法。

在小学科学中，求同归纳法、典型归纳法应用最多，求异归纳法和共变归纳法使用情况也不少，而求同求异共用法、剩余法鲜有使用。因此，我们下面详细讨论求同归纳推理、求异归纳推理、共变归纳推理和典型归纳推理。

二、求同归纳推理的教学设计

求同归纳推理是寻找科学事物的共同特征或属性以获得科学认识。而依赖共同特征或属性的科学概念和科学判断的学习就是使用求同归纳推理。第一，由实指定义获得的指称性概念，其特点就是对科学事物反复指认，使实指物与概念建立对应关系。尽管实指定义获得的科学概念没有清晰阐释概念的共同特征或属性，但是这些共同特征或属性是隐含在被反复指认的事物中的。由此，实指定义的应用过程，就是使用求同归纳推理的过程。第二，只由列举定义说明的概念或科学结论，因为要列举若干实例，也是使用求同归纳推理，但是经常不明确共同特征或属性，如“种子的传播方式”“风将种子吹到远方、水将种子漂到远方、果实爆裂将种子弹射出去、动物食用果实再将果实中的种子排泄到其他地方……这些都是种子的传播方式”。第三，使用属加种差定义的概念和由各个单称判断概括得到的全称判断。如果是直接通过共同特征或属性得到的，就要使用求同归纳推理。

对于第三种情况，在教学中，要提供若干反映事物共同特征或属性的典型实例。对这些典型实例经历分析、综合、抽象，得出单称判断，由各个单称判断概括出进一步抽象的全称判断，如铜丝接入电路使小灯泡发光、铁丝接入电路使小灯泡发光、铝丝接入电路使小灯泡发光……由每一种情况进行分析、综合后，得到对应的抽象的单称判断，即铜丝容易导电、铁丝容易导电、铝丝容易导电……对各个单称判断概括出更抽象的全称判断：像铜丝、铁丝、铝丝这样容易导电的物体称为导体。由此得到导体的概念。

三、求异归纳推理的教学设计

求异归纳推理的应用要点也是通过寻找科学事物的共同特征或属性获得科学认识，但与求同法不同的是，求异法采用的是制造差异的方式，如“振动产生声音”。采用求同归纳推理，就是鼓面振动，听到鼓声；琴弦振动产生琴声；哨子中空气振动产生哨音等，概括得到物体振动产生声音。这个科学结论也可以采用求异归纳推理，使鼓面停止振动，鼓声消失；使琴弦停止振动，琴声消失；使哨子内空气静止，哨音消失。振动存在，有声音存在；振动停止，声音消失。得到结论：振动与声音的存在具有因果关系。其主要针对的是科学概念或科学结论中关键特征或属性存在还是不存在的差异对比，揭示出共同特征或属性。尤其是当构成科学概念或科学结论的关键特征或属性无法清晰被感知时，最好的方式只能是采用求异归纳推理。我们再看前面使用过的例子——“空气具有压力”。我们就生活在空气中，但是我们却感觉不到空气的压力。这时认识空气压力的最好方法就是把空气去掉看看效果，也就是采用求异归纳推理。

在教学中，要提供若干反映事物共同特征或属性的典型实例，然后将具有这个因素与不具有这个因素所产生的现象进行对比，特别是不具有这个因素可以更强烈地引起感知。对这些典型实例经历分析、综合、抽象，得出单称判断。由各个单称判断概括出进一步抽象的全称判断。

四、共变归纳推理的教学设计

共变归纳推理的应用要点是寻找一个因素变化和随之变化的现象间的变化规律。在科学上，对于事物间变化规律认识的科学判断，一般都使用共变归纳推理，如“合理密植，提高产量”。选择试验田，种植密度分别为密度1、密度2、密度3、密度4、密度5，考察不同种植密度情况下的产量，分别标示为产量1、产量2、产量3、产量4、产量5。这是在寻找密度变化和产量变化间的关系。如果密度1、密度2、密度3的产量1、产量2、产量3逐渐升高，而密度4、密度5的产量4、产量5又降低了，则找到密度3是最高产的密度。找到最高点的理想曲线是正态分布。如果密度5时，产量5最大，则需要进一步增加密度，一直找到下降情况，才可断定为最大。

规律是复杂的，但我们寻找规律的方法应力求简单。使用共变归纳推理时，主动变化的因素或者控制为变化的因素，要求其按一定方向均匀变化，然后考察随之变化的现象，等间隔采集数据，才易于得到规律性认识，如“凸透镜成像特点”。物通过凸透镜成像，涉及三个物理量，即焦距、物距和像距。一般情况下，选定一个透镜，其焦距就是确定的。然后控制物距的变化，寻找像的位置（即被动变化的是像距），观察像的特点。物距如何变化？物可以由远及近向透镜移动，也可以由近及远远离透镜，一般情况下选择后者。注意一定使物距向一个方向变化，同时要规定等间隔变化，如远离透镜 2 厘米、4 厘米、6 厘米、8 厘米、10 厘米、12 厘米、14 厘米……若所选择透镜的焦距是 5 厘米，则可看到的现象是光屏上无像、倒立放大的像、倒立等大的像、倒立缩小的像……光屏上无像的情况，向透镜方向看去，可见放大正立的像。作为区分这种情况的像称为虚像，而可投射到光屏上的像称为实像。凸透镜成像的规律性特点就是在一倍焦距以内，成放大正立的虚像，放大是指像与物比，像比物大，且虚像本身也在变大；在一倍焦距以外两倍焦距以内，成倒立放大的实像，但像本身在缩小；在两倍焦距处，成等大倒立的实像，此处是一个关键点，即所成实像将由放大转为缩小；在两倍焦距以外，成缩小倒立的实像，随物距增大，这个实像本身不断缩小。我们看到，当使物距这个因素单方向等间隔变化时，像会呈现出虚、实，大、小，正立、倒立等特点显著的规律性变化，同时呈现出像本身在一个区间内也在变化。在像变化的整个过程中有两个关键点，一个是由放大变为缩小的关键点，即两倍焦距处；还有一个是虚像转为实像的关键点，即一倍焦距处，但此处不好观察到，由理论计算可以准确说明。如果我们在教学中，指定三个恰好可以呈现凸透镜成像显著特点的位置，学生可以体验感知建构知识，却不符合共变归纳推理的操作要点，失去了探索性。

当多因素变化影响一个共同现象变化时，就要对多个因素进行控制，也就是所谓的“控制变量法”，如物体获得的加速度是由施加在物体上的力和物体本身的质量决定的。如何寻找“力”“质量”与“加速度”的关系？我们可以先控制或保持质量不变，看施加的力变化与加速度变化的关系；再保持施加的力不变，看质量变化与加速度变化的关系，得到“力越大，加速度越大”和“质量越大，加速度越小”的结论。这就是在控制变量的情况下，分别运用了共变归纳推理。精确实验下再将两种情况组合起来，得到“加速度与力成正比，与质量成反比”，就是著名的牛顿第二定律。在小学科学课上，讨论影响摩擦力大小的因素，也是同样的道理。影响摩擦力大小的因素有两个，即物体的重量和接触面的粗糙程度。同样的接触面，比较不同重量的物体在移动中所受摩擦力的大小；同一个物体，比较其在不同接触面上所受的摩擦力的大小。然后将两个因素与结果的关系组合起来，得到“物体越重，接触面越粗糙，摩擦力越大”。“控制变量法”不只局限在共变归纳推理中，如“植物的向光性”。在暗盒中种植物，植物生长的土壤、水分、温度都保持一样，这就是控制变量。在暗盒不同位置挖小孔或开小窗，发现植物都偏向小孔或小窗生长，而小孔或小窗是透光的地方，说明植物生长具有向光性。这种情况，运用的是求同归纳推理。

五、典型归纳推理的教学设计

典型归纳推理的应用要点是对一类事物内在属性的揭示。由于要在一类事物中选择一个个体进行研究，则首先个体所属类应该充分可靠。如果类不清晰，所选个体将失去典型性。然后，对所选择的个体或事物对象进行深入观察和实验研究，揭示出深层次特征或内在属性。这也是运用典型归纳推理最重要的部分。最后，必须将揭示的个体属性推广到个体所属的类，就是获得普遍性认识。

典型归纳推理是以一个清晰的类为前提的，也是以一个特殊事物为对象进行研究，这与演绎推理很相似。但是演绎推理得到的是一个关于特殊物体的特殊结论，而典型归纳推理却是由一个特殊物体的研究得到这个物体所属类的普遍性结论。

第二节　小学科学中的演绎推理教学

一、演绎推理概述

（一）演绎推理的含义

演绎推理是从一般性认识推出个别性或特殊性认识的推理。在科学上，就是从一般性的科学原理出发，考察某个具体事物是否符合科学原理的条件或者符合科学原理规定的类，得到这个事物具有还是不具有符合科学原理的属性，如所有金属都可以导电，铜属于金属，则铜可以导电。“所有金属都可以导电”是一般性科学原理，“铜”是一个具体事物，“铜属于金属”就是对铜符合这个科学原理的类的判断。这时可以得出，铜具有科学原理所描述的属性，即导电性。一般性科学原理是全称判断，对具体事物具有符合科学原理的属性的判断是单称判断。那么，演绎推理就是由一个全称判断得到一个单称判断的过程。

（二）演绎推理的性质

演绎推理的前提是一般性或普遍性的认识，而结论是对具体事物的特殊属性的判断。前提范围大于结论的范围，也就是结论蕴含在前提之中，这种推理得出的结论是必然的，称为必然性推理。也就是说，从“真”的前提出发，可以得到“真”的结论。

科学是追求“真”的知识。归纳推理是或然性推理，不能保证获得“真”的知识；演绎推理是必然性推理，似乎可以保证“真”的知识的获得。但是，演绎推理所依据的“真”的前提从何而来？它不是天然存在的，而是必须依靠归纳推理从个别事实中概括出来。如果前提存在问题，则演绎推理得到的结论也会出现问题。因此，从方法论层面，无论归纳推理还是演绎推理，都无法保证获得绝对正确的结论。这也是科学所表现出的可错性或者发展性。这里，对“真”这个字加上引号来说明真的相对性。不论是归纳推理还是演绎推理得到的结论，都是在某种程度、某种精度或某个侧面上对自然世界的近似反映。人类认识上的进步，使这种反映不断深化。由归纳推理得到的一般性认识，在演绎推理中获得成功，则每一次演绎的成功，都使归纳结论的可靠性增强。在科学上，归纳推理获得科学认识，再由演绎推理应用这些认识。演绎推理实现着科学的解释与预测功能。

（三）演绎推理的分类

概念之间关系的断定为直言判断，往往用一个语句来表达，也称为简单判断。由直言判断作出的推理，就是直言判断演绎推理，简称为直言判断推理。判断之间关系的断定为复合判断，往往由两个或两个以上的语句来表达。由复合判断作出的推理称为复合判断演绎推理，简称为复合判断推理。由于复合判断的性质不同，分为联言判断、选言判断和假言判断，对应有联言判断推理、选言判断推理和假言判断推理。

二、直言判断推理的教学应用

直言判断推理一般是由三个直言判断组成的演绎推理，也称为三段论推理。具体地说，三段论是借助一个共同的概念把前提概念中的另外两个概念连接起来，从而推出一个新的判断为结论的推理。如凡金属都是导体，铜是金属，则铜是导体。“凡金属都是导体”是一个全称判断，作为一个前提，其中包含“金属”和“导体”两个概念。“铜是金属”是一个单称判断，也作为一个前提，其中包含“铜”和“金属”两个概念。在这两个前提中，共同的概念就是“金属”，而不同的两个概念“导体”和“铜”被联结起来形成结论，即“铜是导体”。最后的结论也是单称判断，这就是演绎推理的特点，即由普遍性认识推出特殊认识。三个直言判断中，前两个作为前提，一个是全称判断，称为大前提；一个是单称判断，称为小前提。

三个直言判断分为大前提、小前提和结论。

三段论是一种必然推理，其依据的原理是凡对一类事物有所肯定，则对该类事物中的每一个事物都有所肯定；凡对一类事物有所否定，则对该类事物中的每一个事物都有所否定。这样，三段论推理就明确出“证明格”和“区别格”。使用“证明格”的规则是大前提必须是全称判断，小前提必须是肯定判断，才能得到真的肯定结论，如空气占据空间。粉笔置于水中有气泡产生，则粉笔中有孔隙。“气泡”表明空气存在于粉笔中，“孔隙”表明粉笔中有“空间”。使用“区别格”的规则是大前提必须是全称判断，小前提必须是否定判断，才能得到真的否定结论，如昆虫是六足节肢动物，蜈蚣有很多足（不是六足），则蜈蚣不是昆虫。

在小学科学教学中，一般情况下，我们是通过归纳推理获得一般性的科学结论。在一节课的后段，往往设计有“应用”或“拓展”环节，就是应用科学结论进行演绎推理。这个过程，一个是加深对科学结论的理解，也就是了解科学结论的解释功能、预测功能；另一个是理解“学科学、用科学”的意义。

三、联言判断推理的教学应用

联言判断推理是根据联言判断的逻辑特性进行的推理，它的前提或结论是联言判断。联言判断的逻辑特性，一种情况是组成联言判断的各个肢判断为真，则联言判断的结论为真；有一个肢判断为假，则联言判断的结论不成立。此时，联言判断推理的结论是联言判断。这是获得联言判断结论的联言推理。另一种情况是联言判断的结论为真，则各个肢判断都为真；有一个肢判断为假，则不符合联言判断的结论。此时，联言判断推理的前提是联言判断。这是使用联言判断结论的联言推理。

对于获得联言判断结论的联言推理，往往是与归纳推理结合在一起的。如声音可以在气体中传播，声音可以在液体中传播，声音可以在固体中传播，所以声音能在气体、液体、固体中传播。这是一个由三个肢判断得到一个联言判断的联言推理。三个肢判断为真，联言判断的结论才成立。若有一个肢判断为假，则无法得出这样的联言判断结论。我们可以看到，三个肢判断的得出，是归纳推理的结果，这个联言推理是在归纳推理的基础上作出的。

对于使用联言判断结论的联言推理，就是把联言判断作为前提，推出其肢判断的推理。如果联言判断是“声音能在气体、液体、固体中传播”，以此为前提，“水是液体”作为小前提，推出结论“声音能在水中传播”。联言判断为真，则各个肢判断也为真，也就是“声音能在液体中传播”为真。实际上是以此为大前提，对水能否传声作出判断。这也是联言判断推理的三段论形式。

在小学科学学习中，对事物具有的综合特征或属性的判断，很多都使用联言判断推理。如我们熟悉的“纯净的水没有颜色、没有味道、没有气味、会流动、没有一定的形状”。这是一个联言判断，是在归纳推理得到的“水没有颜色”“水没有味道”“水没有气味”“水会流动”“水没有一定的形状”各个判断为真的前提下，把这些特征综合起来，经过联言推理得到的结论。这也是我们讨论概念定义方式中的合取定义。将上面关于纯净水的结论作为前提，我们根据联言判断的逻辑特性对特殊物体是不是水进行联言推理，如酱油是黑色的，则酱油不是纯净水。在联言判断中，一个肢判断是“水是没有颜色的”“酱油是有颜色的”，则酱油的特征不符合这个肢判断，则酱油不属于联言判断所确定的水这一类。同样的推理过程，酒精是有味道的，则酒精不属于水。这就是一个肢判断是假的，则联言判断的结论为假或者不符合联言判断的结论。只有满足联言判断的各个肢判断都为真，才能符合联言判断推理结论的真或者说才能符合联言判断结论。还有像“植物生长需要适宜的肥料、阳光、水和温度”“光合作用需要阳光、水和二氧化碳”等，都是联言判断。断定一个结论是联言判断，依据其逻辑特征，即各个肢判断必须为真，联合判断结果是联言判断。这些联言判断的得出，是运用联言判断推理；而它们对具体事物是否符合联言判断的断定，也是运用联言判断推理。

四、选言判断推理的教学应用

选言推理是根据选言判断的逻辑特性而进行的推理。它的前提中必有一个是选言判断，另一个前提和结论为直言判断。选言判断就是断定若干种事物情况中至少有一种事物情况存在的判断，也就是说在选言判断的各个肢判断中，只要有一个判断是真的，则选言判断的结论为真；只有各个肢判断都是假的，选言判断的结论才是假。在选言推理中，通常把选言判断的前提叫大前提，把直言判断的前提叫小前提。正由于它的大前提是关于一般原则的判断，小前提和结论是关于特别情况的判断，所以，选言推理又被称为选言三段论。

选言判断的各个肢判断如果可以同时存在，称其为相容的；如果不可以同时存在或者彼此是对立的，称为不相容的。由此选言判断有相容与不相容之分，相应地，选言推理分为相容选言推理和不相容选言推理两种。

相容选言判断就是断定事物情况中至少有一种（可以是全部）事物情况

存在的判断。它的联结词常用“或”“或者”表示，还可以用“可能”“也许”。相容选言推理是根据相容选言判断的逻辑特性（即选言肢可以同真）进行的选言推理，它的大前提是相容选言判断。相容选言推理只有一个正确式，即否定肯定式。在相容选言推理中，小前提否定一个选言肢，结论肯定另一个选言肢，如要增大物体的摩擦力，可以增大物体重量，也可以增加接触面的粗糙程度。人走路过程中如何防滑？防滑就是要增加摩擦力。人的体重是基本不变的，可以在鞋底加上花纹增加接触面的粗糙程度，这就是基于相容性选言判断的选言推理。“增大物体重量”和“增加接触面的粗糙程度”都可以增大摩擦力，这两个肢判断是可选的，也是可以同时存在的，所以属于相容性选言判断。而否定“增大物体重量”这个肢判断，就必然选择“增加接触面的粗糙程度”的肢判断。这就是否定肯定式的相容选言推理。

不相容选言判断就是断定其选言肢中有并且只有一个选言肢为真的选言判断。不相容选言判断的联结词常用“要么……要么……”“或者……或者……”表示。不相容选言推理是根据不相容选言判断的逻辑特性进行的选言推理，即各个选言肢不能同时为真。它的大前提是不相容选言判断。不相容选言推理包括两种情况：一是肯定否定式，二是否定肯定式。肯定否定式即小前提肯定大前提的一个选言肢，结论否定大前提的其余选言肢，如既有雄蕊又有雌蕊的花，叫作两性花，否则是单性花。一朵花要么是两性花，要么是单性花。桃花既有雌蕊又有雄蕊，是两性花，所以，桃花不是单性花。这是包含两个肢判断的不相容选言推理，肯定了一个肢判断，就否定另外一个肢判断。否定肯定式即小前提否定大前提除一个意外的所有选言肢，结论肯定这一未被否定的选言肢，如动物有性繁殖后代的方式或者是卵生或者是胎生。熊猫不是卵生，所以，熊猫是胎生。这是包含两个肢判断的不相容选言推理，否定了一个肢判断，就肯定了另一个肢判断。再如，物体传热的方式或者是传导，或者是对流，或者是辐射。太阳不是通过传导、对流的方式向外传递热的，所以，太阳是通过辐射的方式向地球传热的。这是包含三个肢判断的不相容选言推理，否定了两个肢判断，则第三个肢判断必然被肯定。

在小学科学学习中，也存在很多选言推理的运用。在科学探究的猜想和假设阶段，经常作出选言判断，然后作出选言推理，如对影响摆的摆动快慢的猜想。根据摆的结构因素和摆动中的操作因素，猜想后作出假设：摆的摆动快慢可能与摆长有关、可能与摆球重量有关、可能与摆角大小有关。再如，水位高，小水轮转得快；水流量大，小水轮转得快。所以，小水轮转得快，可能因为是水位高，也可能是因为水流量大。对于辨别和识别，也经常用到不相容选言推理，如节肢动物包括甲壳类、肢类、多足类和六足类。蜻蜓属于六足类（昆虫），则它不属于其他类，等等。

五、假言判断推理的教学应用

假言判断是陈述某一事物情况存在是另一事物情况存在的条件的判断。假言判断分为充分条件假言判断、必要条件假言判断和充分必要条件假言判断。假言推理就是根据假言判断的逻辑性质进行的推理。

（一）充分条件假言判断推理

1. 充分条件假言判断

如果作为前提条件的判断为真，那么必有作为结论的判断为真，即前提的存在，必有这个结论的存在，这个前提就是这个结论的充分条件。由联结词“如果……那么……”将条件、结论两个肢判断连接起来，“如果”后面的肢判断称作假言判断的前件，“那么”后面的肢判断称作假言判断的后件。在日常用语中，充分条件假言判断的逻辑联结词除了“如果……那么……”外，还常常表达为“假使……那么……”“倘若……就……”“只要……就……”“要是……就……”，等等。

2. 充分条件假言推理

充分条件假言推理是根据充分条件假言判断的逻辑特性进行的假言推理。充分条件假言判断的逻辑特性就是前件为真，后件必为真；后件为假，前件必为假。其他两种组合方式，不能保证逻辑真，即前件为假，不能保证后件为假；后件为真，不能保证前件为真。

充分条件假言推理的大前提是充分条件假言判断，小前提是对充分条件假言判断前件或后件的断定，结论是对后件或前件的断定，如“天上下雨，地面会湿”。“天上下雨，地面会湿”是事实真，或者说天上下雨，地面必定会湿，这个判断就是充分条件假言判断。这是假言判断构成假言推理的大前提。我们看到窗外下雨了，就是肯定了大前提中的前件，这个对前件的断定就是小前提。我们没看地面，也可以判断“地面湿了”，这是前件被肯定得到的对后件肯定的断定，也就是我们的结论。我们又看到了大前提、小前提和结论，这是充分条件假言推理的三段论。由天上下雨，判断出“地面湿了”是逻辑真，与大前提的事实真相符。这是充分条件假言推理的一种有效规则，即肯定前件，后件必成立，称为肯定前件式。如果我们早晨拉开房门，看到地面很干爽，会得到结论：夜里没下雨。这个结论与事实必然相符。如何得到这个结论呢？大前提还是“天上下雨，地面会湿”，小前提是对后件的否定，即地面没湿，得到对前件的否定，即没有下雨。这也是充分条件假言推理的一种有效规则，即否定后件，前件必不成立，称为否定后件式。如果说“天上没有下雨”，不能必然得到地面不湿。地面湿，可能是下雨了，也可能是人工洒水，也可能是管道漏水等。同样的道理，地面湿了，也不能得到“天上下雨”的结论。换句话说，就是否定前件，不能必然否定后件；肯定后件，也不能必然肯定前件。演绎推理是必然性推理，则充分条件假言推理的有效规则就是肯定前件式和否定后件式。总结出来，充分条件假言推理的规则是肯定前件即可肯定后件，否定后件即可否定前件；否定前件不能否定后件，肯定后件不能肯定前件。

（二）必要条件假言判断推理

1. 必要条件假言判断

如果作为前提条件的判断为假，那么必有作为结论的判断为假。即前提条件不存在，必得到这个结论不存在的判断，这个前提就是这个结论的必要条件。也就是要得到这样的结论，缺此条件不可。必要条件假言判断是陈述一事物情况是另一事物情况的必要条件的复合判断。必要条件假言判断由联结词“只有……才……”将条件、结论两个肢判断联接起来。“只有”后面的肢判断称作前件，“才”后面的肢判断称作后件，如“只有电池、小灯泡由导线连接成闭合电路，小灯泡才可以被点亮”。这个结论就是必要条件假言判断。“电池、小灯泡由导线连接成闭合电路”是条件，也是前件；“小灯泡可以被点亮”是结论，也是后件。

必要条件假言判断具有以下逻辑特性：一是前件不存在时，后件一定不存在。换句话说，就是前件假时后件一定假，就是说没有构成闭合电路，小灯泡必然不亮。二是后件真时前件一定真，即小灯泡亮了，必有电路是闭合回路。我们看到，必要条件假言判断“只有电池、小灯泡由导线连接成闭合电路，小灯泡才可以被点亮”，可以改成“只要小灯泡亮了，就说明电池、小灯泡由导线连接成了闭合电路”。而这个复合判断是充分条件假言判断，也就是说必要条件假言判断可以转化为充分条件假言判断。在日常用语中，必要条件假言判断联结词的语言形式还有“除非……不……”“不……不……”等。

2. 必要条件假言推理

必要条件假言推理就是根据必要条件假言判断的逻辑特性进行的假言推理。必要条件假言判断的逻辑特性是前件为假，后件必为假；后件为真，前件必为真。其他两种组合方式不能保证逻辑真，即前件为真，不能保证后件为真，如由电池、小灯泡、导线组成了闭合回路，不能必然导致小灯泡亮（电池电压低，在闭合回路产生的电流很小，不足以点亮小灯泡）；同样道理，后件为假，不能保证前件为假。

必要条件假言推理的大前提是必要条件假言判断，小前提是对必要条件假言判断前件或后件的断定，结论是对后件或前件的断定，如将烧红的木条放进三个装有不同气体的集气瓶中，“只有木条熄灭，集气瓶中的气体才有可能是二氧化碳”。前件是“木条熄灭”，后件是“气体是二氧化碳”。前件存在是后件存在的必要条件，这是必要条件假言判断。这个假言判断作为必要条件假言推理的大前提。如果“木条没有熄灭”，是对前件的否定断定，构成了小前提，可以推出否定后件的断定结论“集气瓶中的气体肯定不是二氧化碳”。这是符合必要条件假言判断逻辑的推理，是必要条件假言推理的一种有效规则，即否定前件式。如果大前提没变，小前提是肯定后件“集气瓶中的气体是二氧化碳”，就得到对前件的断定“木条熄灭了”。这也是必要条件假言推理的一种有效规则，即肯定后件式。

总结出来，必要条件假言推理的规则是否定前件即可否定后件，肯定后件即可肯定前件；肯定前件不能肯定后件，否定后件不能否定前件。

（三）充分必要条件假言判断推理

1. 充分必要条件假言判断

充分条件假言判断是如果作为前提条件的判断为真，那么必有作为结论的判断为真。即前提存在，就必有这个结论的存在。必要条件假言判断是如果作为前提条件的判断为假，那么必有作为结论的判断为假。即前提条件不存在，那么结论就不存在。如果一个假言判断同时满足充分条件和必要条件下的判断，就称为充分必要条件假言判断。如果条件存在，则结论必存在，并且条件不存在，则结论必不存在，那么，这个条件就是这个结论的充分必要条件。充分必要条件假言判断的形式可以表现为：如果……则……，并且，只有……才……，也可以表示为：当且仅当……，才……。

2. 充分必要条件假言推理

充分必要条件假言推理是根据充分必要条件假言判断的逻辑特性进行的假言推理。既要满足充分条件假言判断的逻辑特性，也要满足必要条件假言判断的逻辑特性，即肯定前件式、否定前件式、肯定后件式和否定后件式，都是充分必要条件假言推理的有效规则。

充分必要条件假言推理的大前提是充分必要条件假言判断。小前提是对充分必要条件假言判断前件或后件的断定，结论是对后件或前件的断定。

例 1　当接触的两个物体温度不同时，温度较高的物体会向温度较低的物体传递热。温度不同是热传递的充分条件，即只要温度不同，就会发生热传递；温度不同，又是热传递的必要条件，即只有温度不同，才会发生热传递，所以这个判断是充分必要条件假言判断。前件是“接触的两个物体温度不同”，后件是“温度较高的物体会向温度较低的物体传递热”。整个判断就是充分必要条件假言推理的大前提。“将烧热的勺子放入冷水中”是对前件的肯定，构成小前提，得到对后件的肯定，“勺子会向冷水传递热”是推理的结论。通过肯定前件而肯定后件，属于肯定前件式。

例 2 对于带电体，如果物体带同种电，它们彼此相互排斥。带同种电，是物体相互排斥的充分条件，即只要物体带同种电，则它们接近就相互排斥；带同种电，又是相互排斥的必要条件，即只有带同种电，它们之间才会相互排斥，所以这个判断是充分必要条件假言判断。前件是“物体带同种电”，后件是“相互排斥”。整个判断构成充分必要条件假言推理的大前提。“将塑料尺子与头发摩擦后接近毛皮摩擦过的橡胶棒，发生了相互排斥的现象”，是对后件的肯定，构成小前提，得到对前件的肯定，“塑料尺子与橡胶棒带的电是同种电”是推理的结论。通过肯定后件而肯定前件，属于肯定后件式。

例 3 “如果一个叶柄上生有一个叶片，则这种叶是单叶。”当且仅当一个叶柄上生有一个叶片时，才命名为单叶。这个复合判断也是充分必要条件假言判断。前件是“一个叶柄上生有一个叶片”，后件是“这种叶是单叶”。将“如果一个叶柄上生有一个叶片，则这种叶是单叶”作为大前提，考察大豆的叶。发现“大豆叶的一个叶柄上长有三个叶片”，是对前件的否定，构成小前提。得到对后件的否定，“大豆的叶不是单叶”。这就是推理后的结论。通过否定前件而否定后件，属于否定前件式。

例 4 “当物质发生了化学变化，则产生了新的物质。”也是当且仅当物质发生化学变化，才产生新的物质。这个判断也属于充分必要条件假言判断。前件是“物质发生了化学变化”，后件是“产生了新的物质”。将“当物质发生了化学变化，则产生了新的物质”作为大前提，考察水结冰的过程。发现“水结冰的过程没有产生新的物质”，是对后件的否定，构成小前提。得到对前件的否定，“水结冰不是化学变化”，这也是推理后的结论。通过否定后件而否定前件，属于否定后件式。对于充分必要条件假言推理，存在四种规则：肯定前件即可肯定后件；肯定后件即可肯定前件；否定前件即可否定后件；否定后件即可否定前件，且都是有效的推理规则。在小学科学中，存在很多充分必要条件假言判断，因此会经常进行充分必要条件假言推理，并且可以灵活使用四种推理规则。如把一团纸塞进玻璃杯底，然后将杯子竖直倒立放入水里，如果水进去了，那么纸就会湿。实验现象：纸没湿，说明水没进去。也可以说水没进去，所以纸未湿。而将杯子斜插入水中，实验现象：纸湿了，说明水进去了。或者说水进去了，所以纸湿了。

第三节　小学科学中的类比推理教学

一、类比推理概述

（一）类比推理的含义

类比推理是根据两个或两类相关的对象某些属性相同或相似，从而推出它们在另外的属性上也相同或相似的推理。类比推理的规则是什么？首先，是要在两个或两类事物间进行对比，一个事物作为对比的对象，可称为对比物；另一个事物将被赋予新的属性，也就是类比物。其次，两个或两类事物必须具备至少一个相同或相似的属性，否则就失去类比的基础。再次，对比物的属性多于类比物的属性。最后，得到判断，类比物具有对比物的剩余属性。

（二）类比推理的性质

演绎推理是由一般到特殊的推理，由于结论是符合前提的个别事物，结论包含在前提中，所以是必然性推理。归纳推理是由特殊到一般的推理，由于结论的范围大于前提的范围，也就是结论不是必然含在前提中，所以是或然性推理。类比推理是从特殊到特殊的推理。类比推理是把某对象所具有的属性推移到与之相似的另一对象，结论所作的断定已超出了前提的断定范围。也就是说，它的结论并不被它的前提所包含，即使前提是真的，其结论也只是可能真，而不是必然真。所以，类比推理是或然性的。在科学史上，的确有不少类比推理的结论被之后的实践所证实，然而被实践推翻的更多。

演绎推理和归纳推理虽然在思维进程方向上截然相反，但它们都是在同类对象的范围内进行的。类比推理则不受同类中一般与个别关系的严格限制，现实中那些差别极大的殊异对象，都有可能运用类比推理加以推论。人们既可以在两个不同的个体事物之间进行类比，如地球与火星；也可以在两个不同的事物类之间进行类比，如太阳系与原子内部结构；还可以在某类个体与另一类事物之间进行类比，如作为试验对象的某只猴子与人类。因此，类比推理的应用范围很广。

另外，类比推理的结论受前提的制约程度较低。推理是由前提引申出结论的过程，推理的结论受前提的逻辑制约，但是，在不同的推理中，前提对于结论的制约程度是有差别的。演绎推理的结论被前提所包含，因而受前提的严格限制，否则，结论就不可能是必然的。不完全归纳推理是从特殊到一般，它的结论超出了前提的断定范围，是前提已有知识的推广，因此，其前提对结论的制约程度明显弱于演绎推理。然而，不完全归纳推理的结论需要严密的例证来支持，否则，就很容易犯“以偏概全”的逻辑错误。由此可见，不完全归纳推理的结论仍然在相当程度上受前提的制约。类比推理是从特殊到特殊的推理。类比推理的前提大多是为结论提供线索，但并未严格地规定和限制它的指向。它往往能把人的认知从一个领域引申进另一个新的领域，其应用具有极大的灵活性。因此，与演绎推理和归纳推理相比，类比推理更富有创造性，对于科学发现和技术发明来说，具有特别重要的意义。

（三）类比推理的普遍性

在生活中，人们经常进行类比推理，作出判断。当你在一群人中，发现你的一位老同学，你如何识别出自己的这位老同学？你头脑中存储着老同学的形象，你的视域现场存在这样一个人，这个人与你头脑中形象具有很多相似的地方，你得到共同属性的判断——这两者是统一的。两个事物，即头脑中的形象和眼前的同学进行对比，在特征属性上有很多相似之处；类比推理，眼前的人应该与头脑中的老同学具有共同属性。这样，你就判断这个人是你的老同学。会不会错？上前搭讪，此人回应，且可以共同回忆上学时的往事，则确定无疑了。在日常生活中，我们经常进行辨别和识别，经常应用类比推理。在刑侦破案中经常使用比较谨慎的类比推理。在刑事案件的并案侦查中，如果发现某案件与另一个（或另一些）案件有相似之处，又知道该案件是某犯罪嫌疑人所为，那么就可以推测另一个（另一些）案件也可能是同一犯罪嫌疑人所为。谨慎之处在于这种类比是基于一个大概率前提，即连续作案的犯罪嫌疑人在作案动机、时间、场所、手段等方面都有一定的规律和相似之处。

在科学活动中也经常进行类比推理，尤其在科学认识的早期阶段，如亚里士多德关于地球是球体的推断。每当发生月食的时候，都会看到月亮被遮住部分的外轮廓为圆弧状，而用光照射一个球体，不论从什么角度照射，其投影都是圆面。这两种现象中，都是遮光形成阴影，阴影都具有圆的性质，类比推理得出遮光物具有相同的特征，即地球应该也是球体。再如引力场概念的提出。电荷周围存在一种物质，称为电场。电荷对电荷的作用力，是一个电荷产生电场，这个电场对另一个电荷产生力的作用。反之亦然，表现出电荷间的引力或斥力作用。物体间存在万有引力，这种引力不应该是超距作用，也应该有一种类似于电场这样的场在起作用，称为引力场。由此，类比得出引力场存在的判断。当然，科学是要实证的，因此，科学家投入证明引力场存在的科学活动中。

无论是在日常生活中作出判断，还是专业的司法推理活动，甚至更为抽象的科学思维，我们都可以体会到，类比推理普遍应用在人类思维活动的各个领域。

（四）类比推理的特殊性

逻辑思维方法包括归纳法、演绎法和类比法。非逻辑思维包括想象、联想、直觉、灵感和顿悟。依据归纳方法进行的推理称为归纳推理；依据演绎方法进行的推理称为演绎推理；依据类比方法进行的推理称为类比推理。但是归纳推理有其有效的规则，现在认同的是穆勒五法，即求同法、求异法、求同求异共用法、共变法、剩余法，它们也成为科学上寻求因果关系的方法；演绎推理也有其有效的规则，包括亚里士多德的直言判断三段论法，复合推理中依据联言判断性质的联言推理、依据选言判断性质的选言推理和依据条件判断的假言推理等；而考察类比推理，却没有复杂的规则，且经常涉及想象和联想，似乎这种推理处于逻辑思维和非逻辑思维的交界处。

世界上事物千千万万，为什么将这两个事物放到一起，还要推断出一个事物的新属性？这显然取决于我们认识新事物或研究新事物的需要。基于我们要识别的事物或要认识的事物，联想我们熟悉的事物，甚至想象将我们熟悉的事物进行重新组合或变形，去搜索到与我们要识别或认识的事物具有相似属性的事物。这样，我们才可以由类比规则推理出欲认识事物的新属性。寻求类比物的过程，需要联想、想象，而联想或想象的结果有时是突发，这时表现为直觉和顿悟。因此，类比推理的全过程既有非理性的想象，也有依规则的理性推断。

推理是从一个判断得到一个新的判断。类比推理的结论具有怎样的性质呢？如我们看到天上下雨，地上会湿。这是一个现实因果关系判断，也是一个充分条件的假言判断。进行假言推理，有效的“格”是：天上下雨，地面会湿；地面没湿，天上没下雨。即肯定前件，可以肯定后件；否定后件，可以否定前件，得到必然性的结论为真的判断。但是，“天上没下雨，地面不会湿；地面湿了，天上下雨了”是无效的假言推理。而生活中，我们经常看到地面湿了，作出判断：下过雨了。人们是在用充分条件假言推理的无效格式吗？实际上，人们是在利用类比推理得到判断。“天上下雨，地面会湿”，对这一现象，具有“下雨”和“地湿”两个属性。当我们眼前的现象具有与我们头脑中“天上下雨，地面会湿”的共同属性“地湿”，对比得到判断“下雨”这个新属性。换一个角度，就是由两个现象具有的共同结果“地湿”，对比得到具有共同原因“下雨”的判断。也就是说，类比推理，恰恰是充分条件假言推理的无效格式。从逻辑学角度来看，类比推理是从一个特殊的判断得到另一个特殊的判断，属于或然性推理，即其结论具有可错性。那么，类比推理的可信性在哪？其意义何在？在生活中运用类比推理得到的结论需要更多证据支持，才能增强其可信度；在科学上，需要进一步实验证实，如上面的由“地湿”，得到“下雨”的类比推理。如果看到屋顶是湿的、树叶是湿的，这些证据将使“下雨”的判断为真的可信度大大提高。

（五）类比推理在科学上的独特作用与意义

类比推理是科学发现的一种形式，如奥斯特发现电流的磁效应。首先，要考察如何选择两种事物，寻找其相似性，进而类比得到新性质。当电和磁的概念都已经建立，人们思索电和磁应该统一起来，即电和磁应该存在联系。奥斯特本人就是在这种大统一的思想下联想和想象进而探索电与磁的关系。他偶然发现，通电导线旁的磁针发生偏转时，静止的电荷不能产生磁，但运动的电荷可以产生磁。也就是说，磁针在磁场中会发生偏转；磁针在通电导线旁发生偏转，通电导线周围应该存在磁场。我们看到，寻找到对比物是依靠联想和想象的。依靠类比推理规则，由对比物寻找到类比物的新性质，但事情并没结束。类比推理是或然的，其结论的可信度需要更多证据支持。安培继续进行更多的实验，包括将通电导线弯曲成各种形状去吸引铁、铜，隔一定距离吸引铁，等等，证明通电导线的性质在很多方面都与磁的性质相同，最后的推理结论是电流产生磁场。从科学史上来看，很多科学发现都是类比推理的结果。类比推理是构建科学模型的一种方式，如原子核式结构模型。卢瑟福通过 a 粒子散射实验推知原子内部是很空旷的，原子大部分质量和全部正电集中在一起，称其为原子核，在原子核外存在电子（原子中存在的电子是由汤姆逊阴极射线所证明的）。在非常小的原子内，如果带负电的电子与带正电的原子核距离非常近，就会存在巨大的静电引力。这个引力应该将电子与原子核拉到一起，但实验事实是原子内部很空旷。这可以联想到行星绕太阳的运动。行星与太阳间存在万有引力，这个引力是保持行星绕太阳转动的向心力。如果电子与原子核之间的引力作用是保持电子绕原子核转动的向心力，则电子就不会被吸引到原子核上。由此类比推理得到判断——电子绕原子核旋转。这个结论被大家认同，成为共识，原子核式结构模型也称为原子行星模型。

类比推理是解释科学现象的一种方式，如宇宙膨胀学说。

根据开普勒效应，当一个发声的物体远离你运动时，你所听到的声音音调降低，即声音频率减小；当这个物体朝向你运动时，你所听到的音调升高，即频率增大。用光来测量天体之间的距离时，呈现的科学事实是反射光的频率低于发射光的频率，说明天体间的距离在增大，即天体彼此远离运动。在可见光范围内，紫光频率高，红光频率低。这种光频率减小的现象，形象地称为向红光方向移动，天体这种相互远离的现象就称为宇宙红移。根据宇宙红移现象，说明整个宇宙在不断膨胀。如何向公众解释这种膨胀现象呢？科学家取一个气球，在气球表面上画若干个点。向气球内充气，气球则不断膨胀，气球表面上的这些点彼此远离，距离增大。若这些点表示众多天体，天体彼此远离，类比推理得到宇宙空间在膨胀。这里运用类比推理形象地解释了宇宙膨胀的科学判断。

二、类比推理的教学应用

类比推理是从一个特殊的判断得到另一个特殊的判断，属于或然性推理，即其结论具有可错性。因此，在生活中运用类比推理得到的结论需要更多证据支持，才能增强其可信度。在科学上，需要进一步实验证实，才可增强与所反映客观现实的一致性，如前面讨论过的，由“地湿”得到“下雨”的类比推理。如果看到屋顶是湿的、树叶是湿的，这些证据就使“下雨”的判断为真的可信度大大增强。

类比推理虽然列入逻辑方法范畴，但其具有非逻辑方法特征。从日常生活中到科学研究中，普遍运用类比推理。小学生的科学学习也必定会运用类比推理获得科学认识。特别是类比推理在科学研究中的重要作用，要求我们在小学科学教学中，明确类比推理的特性，重视这种思维方法，帮助学生获得科学认识。

积累丰富表象，奠定小学生类比推理的基础。类比推理要求两个科学事物：一个是对比物，一个是类比物，根据对比物的剩余性质，推出类比物具有的新性质。小学生的科学认识具有生活经验性，也就是说可用于对比物的表象源于生活经验积累。但在学习某一个科学新知识时，这种积累不足以对应新知识点。这时需要教师提供各种对比物的学习，获得丰富的对比物的形象认识，为类比得到类比物的新性质做好铺垫，如上面提到的亚里士多德从月食现象得到的地球是球体的判断。在小学科学教学中，要准备球体、圆柱体、圆锥体等，先用光照射各种几何体，观察投影（阴影）面形状。通过改变照射光的角度，改变各种几何体放置的姿态，观察各种投影形状，发现只有球体在任何光照角度、任何放置姿态下，其投影面都是圆面。再呈现各种各样的月食图，食面的轮廓都是圆弧形，这时判断遮光物体（地球）是球体。这样，前期对比物的铺垫对于经验表象不够丰富的小学生来说，是一个运用类比推理的重要准备工作，在要求小学生独立运用类比推理得到新认识时更为重要。

遵循类比规则，学习科学上类比推理的严谨性。日常生活中使用类比得到判断，常常是直接类比，即对比物和类比物有一个相似属性，对比物比类比物多一个属性，则判断类比物具有与对比物剩余属性相同的新属性，如“天上下雨，地面湿”，则由“地面湿”判断“天上下雨”，很有可能出错。而司法、科学利用类比推理得到判断必须谨慎、严格，才能得到可靠的结论。如何谨慎、严格呢？这就要求对比物与类比物的相似属性尽量多。或者说，多个类比推理指向相同的结论。也可以说，需要尽量多的证据，如魏格纳提出的“大陆漂移学说”。魏格纳看到地图上大洋沿岸的海岸线凸出的地方对面大致是凹进的，联想到它们可能原来是一体的，它们漂移分裂开来成为现在的样子。我们看看魏格纳得到这个结论的推理过程。首先，魏格纳进行了对比。对比物是什么？我们把一张报纸撕成几块，会出现凹凸对应的曲线边缘，这个现象就是存在于头脑中的对比物。类比物是大洋对岸边缘凹凸对应的大陆块。对比物与类比物的共同特征是凹凸边缘对应。对比物的多余属性是凹凸对应特征源自同一个物体。判断类比物也具有这个属性，即分裂开的大陆块是一体的。这个推理过程就是类比推理，而且是直接类比推理，与日常生活中的类比无异。我们为什么相信“大陆漂移学说”呢？实际上魏格纳为证明这个结论，从古生物学、地质学、古气候学三个方面搜集了大量证据。在古生物学方面，主要是大西洋两岸存在的许多生物的亲缘关系；在地质学方面，主要是大西洋两岸的岩石、地层和褶皱构造的相似性和连续性；在古气候学方面，主要是两极地区曾有热带沙漠，而赤道地区曾有冰川的痕迹。当发现这些性质或特征都在很大程度上相似，则确立了最早结论的可靠性，直接类比判断也上升为一种科学理论。魏格纳寻找证据的过程，进行了多次类比推理——两岸大陆岩石性质相同，大陆是一体的；生物存在亲缘关系，大陆是一体的；寒带（热带）气候特征中具有热带（寒带）气候因素，大陆是一体的。每一次类比推理都指向了同一个结论，则结论是可靠的。作为对比物，将报纸撕成几部分，对应部分边缘是凹凸对应的、撕裂的图形是对应的、撕裂的文字也是对应的、边角也是有组合特征的，即一张报纸撕开，有多个对应特征或者属性。作为类比物，大洋两岸的大陆凹凸边缘是对应的、岩石属性是相同的、存在的古生物是相同的、气候是相似的，即有多个特征或属性满足同一要求，则得到可靠判断“大陆原来是一体的，现在漂移分裂开来”。也就是说，对比物和类比物相似的特征或属性越多，类比推理的结论越可靠。在教学中，可以用增加证据的方法，也可以用多次类比的方法，还可以用增加相似属性的方法，帮助学生认识科学上类比推理的严格性。

利用类比推理的想象性、联想性，发挥学生的创造性。日常生活中的类比推理，经常是以头脑中积累的事物及其发生发展过程表象作为对比物，将眼前的事物作为类比物，得到生活中遇到的现象及其发生原因的判断。而科学上的类比推理，是以认识新事物或事物的新属性为目的的。寻找到与新事物具有多个相似属性的对比物且能够揭示新事物或新属性，是需要联想和想象的，是一个艰苦的过程，充满了创造性，如阿基米德发现测量浮力的方法。阿基米德一直在思考用黄金打造的皇冠是不是纯金。当他坐进盛满水的浴盆时有许多水溢了出来，他突然意识到溢出水的体积应该正好等于他自己的体积。如果把皇冠浸入水中，水面上升的部分就是皇冠的体积。这就是类比推理。可以看到，将对比物和类比物联系起来，是突发性的联想。正是类比推理的这种特性，提供了培养学生创造性想象的机会，如上面所谈的魏格纳的“大陆漂移学说”的学习。可以将一张报纸撕成几部分，打乱，然后要求学生将碎片拼接起来。学生确信拼接正确的依据是凹凸边缘对应、文字对应、图形对应、边角对应。再让学生观察地球仪上大洋对岸大陆边缘形状，进一步引导，如何确认相对应的大陆是一体的。这时，要想象和联想，是不是岩石应该一样、土壤应该一样、动物植物应该一样……结合魏格纳寻找证据的科学史实，认识到“大陆漂移学说”是如何建立的。虽然学生通过联想、想象是学习新知识，而不是创造知识，但可以训练学生的联想、想象意识，培养其创造性人格。

第六章　小学科学学习评价

第一节　小学科学学习评价的目的、方法与功能

一、小学科学学习评价的目的

（一）有利于促进义务教育阶段学生科学素养的提高

新一轮基础教育课程改革明确提出要建立促进教师、学生和课程不断发展的评价体系，即发展性评价体系，目标就是促成学生科学素养的提高。与新科学课程相适应的评价体系，既要评价学生对科学知识与方法的掌握情况，也要关注学生在科学探究过程中方法、技能的发展及科学情感态度与价值观等方面的发展，坚决抵制一切为了获得高分而放弃其他各方面能力提高的做法，这与促进学生科学素养提高的教育目标是背道而驰的。虽然过程与方法、情感态度与价值观等维度的评价目标，很难以客观的、量化的指标加以测评，但评价体系的设计和实施仍然应该以学生全面发展为根本出发点。在多元评价主体下，运用多样评价方法，评价学生各个方面能力在原有水平上的进步状况。同时，根据多元智能理论的研究可知，学生身上同时存在着优势领域

和不足领域，评价的目的在于帮助学生认识自我，学会反思，不断进步，将优势领域的智能迁移到弱势智能，从而实现个人价值，促使学生全面发展。

（二）有利于促进义务教育阶段科学教师的专业成长

科学课程标准中，对教师的教学也提出相应的要求和建议。教学本身是一项富有创造性的活动。教学中，教师和学生的关系是平等的。在一种平等、和谐、充满乐趣的学习氛围中，教师和学生一起钻研科学，积极主动地进行科学探索活动，多角度地认识科学、技术与自然，从做中学。在这个过程中教师应注重学生科学素养的全面发展，从学生学习评价反馈的结果中，关注学生学习中存在的困难、问题，采取有效的教学策略引导、帮助学生，同时发展教师自身对科学的认识和对学生的理解。运用多元有效的评价方式和手段，不断促进教学活动的改革与创新。同时，教师也可以在平时的教学活动过程中，深化对新课程的理解，在理论与实践的指导下，丰富和完善科学学习评价体系，提高自身的专业素养。

（三）有利于促进义务教育阶段科学课程改革的不断深化

学习评价是课程改革各要素中的核心问题，起着引导与监控的重要作用，是课程改革成败的关键所在。多元化的评价方式，立足学生未来发展，有利于推进素质教育，更有利于激发和培养学生的创新精神和创新能力。开展学生科学学习评价的研究，不仅体现了当前课程评价发展的新趋势，也能帮助教育者及时了解较为先进的评价思想。基于以上，可以针对性地指出我国现行科学学习评价体系中的不足与局限，对义务教育阶段及其它阶段学生学习评价的改革也具有借鉴和指导的作用。因此，学生科学学习评价研究具有现实性和迫切性，对于推进和深化基础教育课程改革意义深远。

（四）有利于完善和丰富评价理论体系

建立促进学生全面发展的学习评价体系是建构素质教育课程评价体系的核心任务之一。而促进学生不断发展的学习评价体系应包括以下四个工作环节：明确评价内容和评价标准；设计与评价内容相关的评价工具；搜集和分析反映学习情况的数据和证据；提出相关的针对性策略，完善评价指标体系。学生科学学习评价课题是教育评价研究中的重要课题之一，通过对当前学生科学学习评价现状的分析以及当前学习评价方式的研究，努力探索并设计学生科学学习评价的体系，加强评价内容的全面性和评价方法的针对性及可操作性，这些都将会进一步丰富学习评价理论体系的过程。

二、小学科学学习评价的方法

为了对科学学习的实施进行较为准确的量化评价，使每位学生得到公平客观的评价，从而全面了解学生的学习情况，不断提高科学学习质量，有必要采用有效的科学学习评价方法。从学生学习评价的内容来看，既有量化评价内容又有非量化评价内容。如对学生科学知识与技能的掌握情况的考查，主要是收集科学作品、纸笔测试成绩，通过量化的数据来评价。一般根据科学课程标准和本文设计的评价指标体系标准，制定出适合科学的更为细化的评价指标，通过学生的作业、小作品、小发明、小创造、小建议、小论文、建构概念图和情景化纸笔测试获得。但是对于学生在学习过程中的动机、态度、兴趣、情感意志、学习的积极性等和学生个性密切相关的评价，是无法进行精确量化的，此为非量化评价。非量化评价主要考查学生参与程度、学习态度、情感、实验探究能力、信息收集能力等科学学习行为，是学生学习情况的全面反映，是全面评价学生的重要依据。

综合以上的研究可以发现，教师对一个学生的科学学习评价，具有引导、促进、激励、发展的重要作用，是学生科学素养发展的重要保障。在本书中将对教师实施科学学习评价，进行相关操作方法的指导，主要包括过程性和结果性评价。其中过程性评价包括学生在学习活动（课前预习情况、探究活动参与情况、作业及作品等）中的表现，可用的评价方法有观察法、问卷调查法和访谈法等。在观察法中运用观察量表，细化学习目标，进行量化评价，针对学习活动表现，给出学习行为的评语评定，指出有待发展的方向。在结果性评价中，可利用情景化纸笔测试考察科学方法与技能的掌握，也可以考察对科学相关知识的理解与应用。评价的方式还可以选择科学作品展示、探究学习报告、概念图等形式，在此过程中要注意评价的纵向比较，不能将学生与学生进行比较和排名，应该强化评价的激励、反馈和调节的功能，最大程度地促进学生的科学学习，也为实现学生全面发展的教育目标提供重要保障。

学生作为科学学习评价的主体之一，在进行科学学习评价时，可采用的评价方法有自我评价报告量表，用以诊断自己的科学学习情况，发挥评价的诊断和发展功能。在参与科学探究活动中，运用探究活动评价手册，进行科学探究能力的评价，促进不断发展。针对科学知识与概念的评价，也可以利用概念图评价来实现。在学生自我评价方面，要注意实现评价的反思促发展的功能，最大化地发挥评价的激励作用，内化成为学生的学习需求和动力。

（一）观察法

义务教育阶段科学学习的评价中，教师虽不再是“主宰者”，也不是学习评价的唯一主体，但教师评价也是必不可少的一部分。科学教师有着丰富的人生阅历、深厚的知识素养及扎实的科学探究精神，他们熟悉学生的科学学习过程，教师的评价对学生的主体性发挥有着很重要的指导作用。教师在科学学习评价的角色由原来的“决策者”转化为“指导者”“参与者”“合作者”“引导者”。

新课改的教育理念下，学习评价的特征之一就是强调评价和教学的融合，学习评价贯穿教学的全过程，教学过程中教师对学生学习行为表现评价常用的有观察法、问卷调查法、访谈法及情景化纸笔测试法等。

观察法对学习活动的评价包括明确的评价目的，凭借自身感官及有关辅助工具，直接或间接从学生学习情境中收集资料，并依据资料做出相应的评价的方法。新课改背景下的学习评价强调评价情境的真实性以及评价的过程性，而科学是观察、实验与科学思维相结合的产物，很多重要技能与能力，例如实验观察能力、信息获取能力、探究能力以及合作学习能力等都是通过纸笔测验难以实现的。因此，科学探究环境下学习评价可以通过教师系统地观察和记录学生的日常表现来实现，并可记录学生的学习过程，发现学生学习过程中的优势与不足，从而对学生提出有针对性的建议。当然，观察法不能对每个学习者和每次学习的活动过程进行关注，可以选择性地抽样调查。教师在观察过程中要做到观察细致，记录客观、全面。

（1）课堂学习评价的形式既可以是指标体系要求下细化的量表，也可以是评价项目清单。

（2）评价要全面体现科学探究学习环境下学习评价理念以及科学课程改革理念，不仅要有反映学生学业成绩的评价，而且要有反映学生学习过程与方法和情感态度价值观评价。

（3）观察评价表的设计要体现“以质性评价为主，立足发展”的评价理念。

运用观察法和学习评价量表的使用，对学生进行充分的量化评价和质性评价。要注意师生间的对话与互动，充分进行科学探究活动，关注学生的科学学习过程，在进行量化评价的基础上给出质性评价的评语，帮助学生寻找发展的空间和方向。教师对学生的评价都是根据对学生的观察而做出的，难免会有一些误会和不准确的地方，因此教师要学会聆听学生的想法，让学生对自己的做法进行解释，解释的方式可以很灵活，对某个有争议的问题进行分组讨论等。

（二）访谈法

访谈，就是评价者以口头交流形式根据学生的答复搜集和判断学习情况的方法，教师和家长都可以采用此法。访谈法的评价实施中要注意以下几个问题：

（1）访谈评价可以根据评价体系和目标的要求，制定细化的评价内容，以问答的形式帮助评价者了解学生的学习情况。在访谈式评价过程中，要消除学生的顾虑，鼓励学生大胆地提出自己的看法，给以及时的评价反馈，帮助其找出存在的问题和发展的方向。

（2）访谈法可以作为其他评价方法的辅助手段，在相关量化评价和质性评价的基础上，可以深入了解学生关于科学学习评价的态度、深层动机，学习困惑等问题，以显性的方式展示隐性的学习情况。在此过程中，评价者也可以以口头陈述的形式及时有效地反馈评价的信息，也可以用相关的评语形式呈现。针对不同的情况，评价者可以灵活地选择适合的方式。

访谈法评价科学学习，可以将内容细分为选择式问答和开放式问答。选择式问答一般有利于评价相关结果的统计，该法的呈现结果可根据相关具体内容和实际，进行量化标准，给出相应的量化评价结果。开放式问答有助于学生的表述，可以以质性评价的形式，关注科学学习过程，定性评价学生的科学学习态度，科学学习动机等。因此，评价者在选用该方法时，要根据具体的情境，结合具体的评价内容，进行质性和量化评价的结合，关注学生科学学习的过程，注意强化评价的激励和发展功能，不断提高学生的科学素养。

（三）纸笔测试

在当前教育背景下，纸笔测试评价能否为学生提供一个公正、客观、真实地展示自我学习情况的机会，以便教师与家长及时了解教与学的情况，作出决策，优化教学，这样的评价方法与所选用纸笔测试题的题型和质量有着密切的关系。

课程标准在评价建议中明确指出："纸笔测试是常用的评价方式，应根据课程改革的需要作出相应的完善和改进。"主要包括以下三个方面的内容：考核测试的重点应该发生转移，加强试题设计的真实及情境性，在综合性、开放性方面也应做出努力。为了科学地编制纸笔测试题，更好地发挥纸笔测试题的作用，在编制纸笔测试题进行学习评价时，必须遵循以下四项原则：目的性原则、情景性原则、开放性原则、活动性原则。

1. 目的性原则

目的性原则是指纸笔测内容的选择要从单一关注知识与技能目标转向关注三维目标的实现，还包括过程与方法，情感态度与价值观。纸笔测试题考核评价的设计不能放在科学知识的死记硬背和简单重现上。纸笔测试评价内容的设置要以科学标准为依据，体现以评价促发展的目标，将学生学业成就和非学业素质发展的状况相结合，全面关注学生各方面的进步与成就。

2. 情景性原则

在设计纸笔测试题进行量化评价时，应充分考虑问题的真实性和情境性。传统考试中那种抽象的、孤立的问题，缺乏与真实生活的相关性，脱离现实，学生在这种纸笔测试中所得的成绩，不能达到评价的目的，也不能实现相关的学习目标。因此，在设计纸笔测试题进行学习评价时，加强测试内容与实际社会生活的关联性，重点考查学生在真实情境中，分析问题的能力及解决问题的能力，以此引导学生关注身边事物，领悟真实生活，促使创造力不断发展。

3. 开放性原则

义务教育阶段科学教育的落脚点应该是，让每一个学生更好地适应社会，了解社会发展中对学生的要求，能够帮助每一位学生意识到科学技术可以有效地解决人类所面临的、跟人类生活息息相关的问题，并学会应用科学做出相关的决策。现实生活中的一些问题具有多面性，比较复杂和不确定。为了提高学生实际问题的决策力和解决力，我们应该在纸笔测试的开放性方面做出努力，让每一个学生都能用自己喜欢的开放式的方法去解答，学生应该学会从多视角探求解决方法。开放性试题在考查学生科学知识和科学探究能力的基础上，更着重考查利用相关学科知识综合解决问题的能力，强调综合学科间的相关内容的渗透、交叉和融合。

4. 活动性原则

纸笔测试题评价内容编制要坚持活动性原则，要充分体现问题解决过程的探究性和过程性，使学生体验采用多种活动方式解决试题的过程。意大利著名教育学家蒙台梭利提出这样的看法，她觉得每一个孩子对学习活动的需要是十分强烈的，这样的欲望强于对食物的喜爱。因此我们应该努力设计出让孩子们愿意付出全部精力参与的活动，让他们在感兴趣的活动中不断地体验科学学习的快乐。

该原则突显了科学学习过程中学生的主体地位，强调探究式科学主流学习方式，即利用已有的知识经验来解决科学学习中的问题，让每一个学生参与其中，学会思考，交流想法，让学生亲自体验猜测、实验、观察、讨论、交流、反思等探究过程。通过活动性试题的练习，能够让学生学会学习，学会掌握科学学习方法，同时为改进学生科学学习方式的转变提供必要的保证。

为了使纸笔测验的内容能满足科学课程中三维目标的要求，达到相关的评价目标，促进学生的发展，在进行选择作为量化评价方式时应注意以下五项要求：

（1）测试题要贴近现实生活，富有时代气息，关注社会普遍问题，反映最新科技发展方向；

（2）选择综合性强、关联性强的内容题材进行整合，完成多维度学习目标；

（3）题材的选择要以学生原有的认知知识经验为基础，关注科学情感，注重态度培养，强化科学方法训练和探究过程的实践；

（4）试题应达到一定的信度，难易适中，让学生喜欢这样的测试题；

（5）测验结束后，对测验题做出详尽的分析，针对学生存在的问题进行个别指导，关注学生的差异性，注意不要对外公布测试的成绩。

（四）自我反思评价报告

新课程评价的主要目的是促进教与学，是为了促进学生的发展。科学课程的学习中，学生是学习的主体，学生的主体性不仅表现在科学学习的过程中，更表现在科学学习的评价过程中。自我评价应该从知识与技能，过程与方法以及情感态度与价值观三个维度，对科技和社会生活的发展方面进行价值判定，彰显学生主体地位。在学生对科学学习结果进行评定时，学生会在科学探究学习过程中取得成绩，为自己的收获感到喜悦，会对自己存在的问题认真思考与反思。

科学探究式学习中，要求学生对自己的探究学习过程与结果进行积极的反思，反思运用科学探索、学习和研究的能力；反思在其具体情境中学习科学的态度情感问题；反思自己是否具有合作精神，是否具有运用科学方法交流、共享信息的协作学习能力。义务教育阶段的学生具有不同的心理特征，随着年龄的增长，自我反思的能力也在不断加强，自我监控和管理的能力也不断增强，这正是新课程提倡的将学生看作发展中的人，最终通过科学课程的学习和评价，实现其在原有基础上不断提高和发展。由于义务教育阶段的科学课程的学习时间跨度很大，故不能笼统地用某一方法进行自我评价量表的设计。

（五）探究活动评价手册

强调科学探究并把科学探究与科学学习融为一体是科学教育发展的重要趋势。为了顺应这一趋势，科学探究在科学课程中的地位和作用日渐突显，这必将促进科学探究、科学学习、科学教育的发展。科学课程不仅要教学生知识，更要培养学生的科学素养，要把对科学本质的理解纳入科学教学的目标中。正因如此，科学探究的学习方式在科学课程中才具有了越来越重要的地位和作用。借助于科学探究学习，学生可以“学习如何做科学，学习科学的本质，以及学习科学内容”。从广义上说，科学探究的定义是科学家们通过对自然界的研究，获取证据，提出对自然的多样解释。该定义也可理解为学生依据探究来完善知识、参与科学活动，了解科学理念，体验科学家研究自然界的过程。因此，科学课程中的“探究”应具有以下特征：科学问题深深吸引学生；学生想搜集证据，设法解决科学问题；学生运用证据，系统解释科学问题；学生可以对自己的解释进行评价，力求完善；学生将结果进行交流。科学探究式学习已成为现阶段学生进行科学课程学习的主流学习方式，在科学教材上，设计了很多的科学探究内容，这也使得科学探究活动成了学生学习评价的重点和依据。对科学探究活动的过程性评价以及探究结果的终结性评价，也必将促进学生对科学课程的更好学习，也将及时反馈信息，调节教师的教学活动，促进学生的科学素养的提高。

科学探究的一般过程包括：发现问题，提出猜想和假设，制定计划和设计实验，进行实验和收集证据，分析与论证，评价与反思，合作与交流。在每一次的探究活动中，并不是每个步骤都不能少。而是根据需要，选择部分进行探究活动。特别是在小学阶段，对于小学生的科学探究活动的考察与评价，不能要求那么高。因为学生受年龄，心理和知识的阶段性的限制，对科学探究活动的认识也存在着阶段性。因此，在充分考虑到学生已有的知识基础和心理特点的基础上，进行合理的分阶段的过程性评价非常必要。由于义务教育阶段的小学低年级和高年级的科学课程的培养目标不同，对于学生科学探究活动的评价重点，方法及策略也应有所区别。

在小学低年级阶段，学习评价的重点应该关注学生的科学态度和情感的考察，注重科学探究过程的体验及方法的学习，能掌握一些很生活密切相关的知识，使学生爱科学，动手“做”科学。对于探究活动的评价方式可以灵活多样，鼓励学生用自己喜欢的方式（如口语报告，科学小报，小课件，评价报告等）表达探究过程和结果，培养创新意识。

在小学中高年级阶段，在科学知识和科学探究能力方面都有了较大幅度的提高，对他们的科学课程的学习要求和培养的目标也会相应提高，科学课程的最终目标是立足学生的终身发展，培养学生的科学素养，更好地服务以后的生活。基于这样的出发点和学生的实际情况，科学课程的学习评价的内容和方法也必将区别于小学低年级阶段的学习评价。小学中高年级阶段的科学探究活动的评价，更关注是学生科学探究思维的培养，实际科学探究能力的培养，科学知识的掌握以及应用科学知识解决实际问题的能力。

（六）概念图评价

概念图是用来组织与表征知识的工具，也可以作为检查科学知识掌握的评价工具，这样的评价方法可以用在教师的纸笔测试试题的设计中，也可以用在学生的自我评价中。概念图是将某一方面主题的不同级别概念置于方框内或者是圆圈中，再用各种箭头进行相关概念的连接，则可形成主题式概念或网络状命题。概念图所示的方法可以清晰将人脑中的概念、知识和理论等显性化，方便用于思考、交流及表达，用形象、生动、可视的方式评价出学生的科学知识及概念的结构，以及诊断和发展对某一主题的理解。概念图的评价可以辅助教师的教学活动以及学生的学习活动，是良好的评价工具。科学课程的概念知识学习中，原理的学习是一个重要的内容，因而概念图评价是学生科学学习评价的方法之一，它有利于学生对科学知识的学习与掌握。

关注概念图的制作过程，可以细化评价的标准，一方面，可以促使学生思考概念之间的逻辑关系，明确自己对概念或相关理论的理解和掌握程度，便于学生对相关知识的联系及结构的整体性把握。另一方面，此法可以让学生通过自己绘制的概念图，将原本认识模糊的问题变得清晰，从而帮助学生对有关知识的前后联系，重点知识把握，知识网络化结构进行自我评价，反思完善。教师可以通过观察学生设计概念图的过程，了解学生已有的知识结构，掌握的程度，学习最新进展及思维过程，清晰明了地知道学生概念建构思维方面的创造性以及对概念等理解的失当之处、困难所在，便于诊断调整，从而促进学生的各方面发展。可见，概念图评价可以使学习者个体思维可视化、外化。“动物是怎么繁殖的”一节课中，对卵生和胎生的概念辨析，建构维思图。维思图是一种选择、分类和比较信息的非常有用的工具，可以帮助学生记录他们的观察结果。两个圆可以呈现不同的信息，比如只属于胎生的特征和只属于卵生的特征分别记录在两个圆的不重叠部分，而它们共同的特征则应记入两个圆的交叉重叠之处。在让学生进行该概念图的建构时，应充分了解卵生和胎生动物各自的繁殖特点。根据学生所做的维思图可以了解到他们对这两种繁衍方式的特征的掌握情况；可以根据概念图了解他们是否全面概括了不同繁殖方式的特点；是否能找出两种繁殖的共同特点；还可以用语言描述建构的该维思图的意思，判断其对科学概念的理解；可以通过该维思图发散了解身边熟悉动物对应的繁殖方式，判断学生对科学知识的应用和理解。

在运用该类型概念图进行相关科学概念的学习评价时一定要注意发挥学生的主体性，在他们建构的过程和呈现的结果中，判断他们对科学概念的掌握情况。建构的概念图可以让学生进行讲解，及时发现问题并修改完善。

总之，科学课程的学习离不开科学概念和相关科学知识的学习，合理巧妙地主动建构概念图可以帮助学生清楚地看到各概念和知识之间的联系，了解自己已经具备的知识及认知结构，检查知识的不足和认识的错误，及时进行调整和补救，促进学习的迁移和有意义学习的发生，从而提高学习效率。

利用概念图，教师可以发现学生对概念的理解程度和在理解概念过程中的错误，了解学生知识基础的全貌及不足，从而更有针对性进行教学。在不断完善相关概念图的同时，也是学生进行不断反思学习的过程，关注过程性学习的评价，必将促进学生不断发展。

当然，概念图反思评价也有一些不足之处，如它忽视了对学生的推理技能训练。概念图往往反映了学生知识结构中的静态部分，因而对培养学生的抽象思维能力、想象能力和运用科学知识解决实际问题的能力有一定影响。另外，一些学生有自己的学习风格，因而不愿意建构概念图，这也不利于学生的学习和教师的教学。因而进行小学阶段阶段的科学学习评价时，应该尽量灵活运用多种方法，综合客观反映学生学习的真实状况，提出对策，促其发展。

三、小学科学学习评价的功能

李莉认为评价功能是指评价在进行价值判断的决策中的作用，每一次全面系统的评价都会带有系统各个方面的信息，所以此过程还有信息采集反馈的功能。邓李林认为评价能够提供反馈信息，有效激励相关的学习行为。赖小琴认为评价对学生的促发展的作用，不只简单表现于激发学生浓厚的学习动机，而且会对学生个性品质的发展以及自我意识的形成起到非常重要的作用，这样的评价将对学生决策未来提供有效帮助。

（一）诊断功能

通过学习评价可以了解其已有的科学知识、技能，基本学习情况，已有的心理状态等，帮助学生找出科学学习的优势领域和弱势领域，为改善科学课程的学习提供依据。

（二）激励功能

科学课程区别于其他课程最大的魅力在于能让学生动手做，在创设的真实情境中，在做中学。在保护好学生好奇心的同时，不断激励他们主动参与科学课程学习，丰富他们的认知体验，在多姿多彩的学习活动中展示他们的个性和才能。通过激励式的学习评价可以强化学生的学习动机和兴趣，在良好而愉快的科学探究式学习氛围中，不断地提高自身的科学素养。

（三）反馈调节功能

学习评价的目的不仅在于进行学习情况的诊断，更重要的是要服务于学生学习活动的调整和教师教学活动的改善，即评价的反馈调节功能。教师通过学习评价可以知道学生在科学学习中知道什么，哪里还存在困惑，应该怎么调整教学活动，帮助学生更好地理解和掌握。通过学习评价的反馈作用，也能让学生清楚地了解到自己科学学习的情况，及时调整好自己的学习方法和策略。在教与学的互动完善过程中，不仅促进了学生科学学习，也促进了教师自身的专业成长。

（四）发展功能

评价是一个贯穿教与学的连续过程，教学计划和学习活动的选择需要连续的跟踪和评价，方便及时检验和调整策略，以促进科学课程的学习。科学学习评价对学生学习的促进作用，不只表现在激发学生的学习动机，调整学习的策略方面，而且对学生个性特征的发挥和自我意识的发展也有重要影响。科学而有效学习评价的发展功能将伴随学生的终身学习，促其终身发展。

第二节　小学科学学习评价的操作策略与评价工具

一、小学科学学习评价的策略

科学学习评价策略，是在对学习评价的对象、目的、内容、主体以及方法等诸多因素综合分析的基础上所做出的系统决策。由于这些因素的组合方式多种多样，也随之决定了科学学习评价策略的复杂多样性。目前在这方面的研究还是很多的，涉及的学科、领域也很广。

高建平就有过“运用积极的化学学习评价策略”的研究，他认为可以建立有效的鼓励机制，挖掘每一位学生的闪光点。学生本身是有着多种需求的个体，他们有多种知识和文化背景，每个个体的心理素质及智能也存在差异，这些都会使得学生在化学学习的过程中，呈现出多样的认知状态。首先，积极进行化学学习，对化学相关问题能表达自己的独到见解；在化学实验中产生困惑和力求解决问题，实验的设计和操作有提高；在社会实践调查中有良好的沟通技巧和组织能力等，这些出彩点都需要教育者耐心而细心地去捕捉，赞赏他们的每一个闪光点和每一次的进步。其次，设置创新奖，这里的创新是指自己同过去比较，有新的发现和进步。实践研究表明只要尊重学生个体的差异，鼓励学生的独创性，才是培养学生批判精神和创造精神，不断实现个性发展的好方法。最后，构建“表现场”，最能调动和激发学生学习积极性，并把这种积极性转化为一种持久的人生趣味，也就是激发学生的成就感。因此。在化学学习评价中，可以通过构建“表现场”来培养学生的成就感。

袁军在“中小学英语学习评价的实施策略”中提到以下几方面：一是树立以人为本的新评价理念，坚持乐观积极的从正面进行评价，用收集的证据和资料来体现成长和发展。在英语学习过程中，学生若能经常得到老师正面积极的评价，学生的内在价值便能得到来自外界的承认和赞扬，他们就容易获得成就感，学习信心也会大增。二是教学评价要体现其开放性。现代教育崇尚多元差异性评价，倡导每一位学生积极参与。国内一些城市已在一些中小学推行教师、学生、家长共同参与的评价模式，取得了较好的效果。三是促进学生知、行、情、意等心理要素的发展。根据联合国教科文组织提出的四大教育支柱观念，即“学会认知，学会做事，学会生活，学会生存”，今后的教育应更多地强调学生学习能力的发展，也就是除认知以外的健康情感和意志能力的培养，而不仅仅是认知内容的多少。李淑芳提出了“语文学习评价在教学中的实施策略”的研究，他提到以下几点具体策略：运用可操作量表实现学生自我发展的量化评价；关注学生课堂学习表现，关注学习过程；运用苏格拉底产婆式问题追问法将课内外评价有机结合起来；通过资料收集建立成长档案袋，关注学习过程。杨钰嵘在“高中美术课堂学生学习评价策略”中提到可以通过评价工具的个性化展开策略研究。他提到可以用成长记录袋，与学生制定学习契约等。研究还提到学习过程中的情感评价策略，具体可以通过制定一份情感表，激发动机的评价等手段实施。

二、小学科学学习评价工具

（一）星级评价法

美国著名的教育学家布卢姆曾就评价问题给出这样的论述，他始终强调为了去证明什么不是评价的目的，为了改进和发展才是评价的真谛。因为对学习结果给个定论就是静止的过程，而对过程进行评价才是动态发展，才是可以改进的。基于上述论述，钟恒柄在体育学习评价中提出了星级评价法。该法的目的就是让教师在教学活动进行时，对每个孩子的学习常规，情感态度，技能方法及学习成果等方面进行即时、有效的评价，充分发挥评价激励，反馈调节的作用。通过鼓励“夺卡”活动激励和引导学生学习活动，强化学生良好的学习习惯，肯定学生每一次的发展进步，不断增强每个学生学习的自信和兴趣的持久保持。

“星级评价法”的评价内容关注学生对知识与技能的掌握，对学习的动机，态度，情感，价值观的评判，对学习过程中的各项行为表现，在小组合作学习中的参与程度，合作程度，还有包括对学生身体素质，体能及体育特长等多方面的评定。“星级评价法”在实践过程中既类似于形成性评价和发展性评价，是在教学过程中为调节和完善教学活动、引导教育过程正确而高效地前进而对学生学习结果所采取的评价和积极的反馈调节。评价包括了学生的即时性评价，又包括终结性评价。关注学生发展的全面性和评价内容的多元化，注重了学生的主体地位和个别差异。在实践过程中，教师要公正对待每一位学生并及时对学生进行评价，发给学生“绿卡”加以肯定和奖励；学生可以在许多的评价内容中，收获“绿卡”并标注，在不断进取和鼓励中获得成就感。同时在上述过程的积累中，学生的终结性评价也变得简单可行。

如在体育课成绩评定时，可以依据“金卡、银卡、铜卡”的多少来确定学生体育成绩的等级；在进行评语式评定时，可以依据学生获得是哪一类的“绿卡”或在哪一方面没有获得“绿卡”来给学生一个明确而具体的评价，并为每一个孩子指明今后努力的方向。

（二）成长记录袋

Arter 与 Spandel 提出：成长记录袋就是有选择性地收集学生作品，用以定性和定量描述学生在某方面的努力、进步与成长。这期间评价内容的选择必须有学生自己的参与，还包括内容选择的指导、评分的相关标准以及学生自我反思反省一系列证据。在我国，不少研究者都进行了相关研究，在此基础上，给出了一个较为本土化的定义：成长记录袋就是根据国家的教育教学目标，有意识、有选择地将学生学习过程中的相关作品及有关证据都收集起来，通过合理的分析，描述学生在学习活动中及发展过程中的优势与弱势，客观地反映出学生在达成预期目标过程中所付出的努力与进步，通过学生的自我反思，自我激励，取得更高的成就。

王秀香，刘岩就在体育与健康课程中尝试了上述方法，也取得了一定的成果。他们认为创建与使用成长记录袋要遵循以下基本程序与要求：首先在体育与健康课程学习评价中使用成长记录袋的目的是有利于促进学生的自省、自悟，促进他们健康成长。与此同时，成长记录袋也是学生客观的，有依据的向老师、家长、同学展示个体的学习任务、成绩和成果的一种较好形式。成长记录袋中的记录内容必须具有明确的目的与指向性，故成长记录袋中所收入的一些作品，应由教师和学生共同协商完成。家长也可以通过成长记录袋清晰地看到学生在校学习情况，能够了解学生的进步并给予高度重视，进而成了学校体育的参与者之一。体育学习成长记录袋的内容，主要包括以下内容：同伴的观察与评价，家长反馈的信息和评价，自我反省、自我认识和自我评价，教师的观察和评价，体育日记、周记以及反映体育学习与其他学科和生活息息相关的体育新闻、摄影、漫画等的作品，体育运动项目成绩数据等。因而成长记录袋有着传统评价方式所不具备的优势，可以作为学习评价的重要形式之一在实践中加以应用。成长记录袋的理论与操作方法还需要经过实践来加以不断丰富和完善。

（三）电子学档

电子学档是数字化的学习档案袋，它是指在信息技术环境下，学习者运用信息手段表现和展示其在学习过程中关于学习目的、学习活动、学业进步以及对学习过程和结果进行反思的档案。其主要内容主要包括学习者信息、学习活动记录、学习作品、学业信息、评价信息等材料，主要用于现代学习活动中学生对学习的参与、设计、管理和评价等，主要由学习者本人在教师、同伴和家长等的协助下完成，档案的内容和标准选择等必须体现学习者的参与。这些内容不仅涵盖学生发展的优势领域，也包括学生发展的弱势领域。电子学档可为学生的发展建立全面、客观的资料档案，清晰描绘出学生成长、发展的曲线，可以直接明了地反馈学生的学习情况。

段宁贵运用电子学档在中小学学习评价方面进行了相关研究。基于电子学档的学习评价标准，他认为可以采用学习契约和量规的办法。学习契约是学习过程中一种可以不断修正的协议，本质就是一种质性评价。它赋予学生学习中的自主决定权，规定着学习者在学习中必须履行的义务，并为自我指导学习的开展提供一个可依据的标准。量规是一种结构化的评价标准，一般以评价目标相关的多个方面的详细规定为评价指标。学习契约与量规的结合，体现了质性评价与量化评价的结合。电子学档的评价过程总结如下：

（1）学习新课前，教师通过查询各个学生的电子学档，了解学生们已有的知识背景和前一课时的学习情况，然后针对性地设计下一节课的教学，并依据学生评价反馈的情况对教学设计做一定的修正和补充。

（2）课堂教学过程分两种情况：一种是基于计算机支持的课堂，一种是传统的课堂。在前一种课堂学习中，学生和教师通过计算机实现实时交互评价，学生可以随时提出自己的看法，与他人交流、沟通和反馈学习情况，这样教师可以调整教学过程。在后一种课堂学习中，学生可以利用传统纸质档案袋的评价方法，通过纸笔形式记录，关注各项学习情况并客观记录下来，课后再录入电子学档系统。最终，这些学习活动记录、课堂作业和评价信息实时记录到学生的电子学档中，为课后学习反思以及期末终结性评价提供参考资料。

（3）课后教师按照学习的契约性，在一定时间内让学生完成自己的学习任务后，开始对学生的学习进行评价。学生可以进行自我评价和反思，同学间可以互评，找出自己与同学的差距。通过电子学档系统，学生自身成为评价的操作者，主动去实施自我评价。运用电子学档对中小学学习进行评价的理论研究和实践还远没有达到学生成长记录袋那种深度。作为一种新的评价工具和方法，电子学档在以后的教育教学评价中必然会发挥更大的作用。

（四）证书认证制

徐晓唯提出的新的学习评价方式是在课改的实践中，以促进每个学生个性和谐发展为基本指导思想，以证书认定制为主要手段，将过程性评价与总结性评价有机结合，进行小学生学习评价机制改革的研究。在研究中，他们坚持以下原则：关注学生多元智能的发展，促进学生全面发展；关注学生自我意识的发展，使学生成为自我发展的主体；关注学生日常生活中个性品质的发展，使学生拥有健全的人格；增强学生的成功体验，使学生保持自我发展的激情。为此，他们在与学生发展密切相关的几大主要领域内有侧重地进行了评价改革实验：

1. 德育领域

将评价的内容进行整合，关注德育的持续渗透，选择与中学生日常生活息息相关的评价维度。

2. 学科评价

侧重评价机制的创新，注重评价的操作性。其中“知识掌握”部分：实施“星级”推动计划，按平时考查成绩评定每学期获得 3 枚或 3 枚以上铜牌的学生，可获得期末考试免试资格；每次考查都有明显进步的，由任课教师推荐，经学校课程研究部审核批准，可以获得期末考试免试资格。再是“课堂表现”部分，采取累计“希望之星”的方式，按上课参与课堂活动来进行评定。一学期共分4个阶段，每阶段以“希望之星”的枚数来表示学生在该阶段的课堂行为表现和学习成果。到期末时，以学生累计获得的“希望之星”的总数，评定学生在本学期的课堂表现。最后“技能重组”部分，以评定“勤劳之星”为准则实施，学生每次作业字迹端正或有显著进步的，书写格式正确，按时完成作业，完成质量较好，就可获一枚“勤劳之星”；学生每次参加市、区、学校等各类活动，表现积极，成绩尚佳的，也可获一枚“勤劳之星”。每学期末以“勤劳之星”总数的多少来评定学生本学期的“技能重组”部分的作业成绩。

3. 美育评价

侧重评价方式的多样性，丰富学生的审美体验。在体育、音乐、美术学科，以成长卡的方式，帮助学生建立成长档案资料。

4. 体育评价

侧重评价功能的激活，增强评价对学生发展的引导和促进作用。他们进行的体育评价改革，侧重提升学生的体育学习兴趣，增强学生的体质。以“自我健身园”的争“奖章”形式，进行5个证书引领下的争“奖章”活动。最终可以权衡德、智、体、美、劳各方面的表现，对学生的表现做出较为全面的评价。

对现阶段科学学习评价的现状进行整理总结后发现，虽然这方面的研究内容比较多，范围也比较广，但仍然存在着以下两点不足：一是目前对科学学习的评价基本还是以教师的教学经验为前提，进行的是各具特色的学习评价的改革，缺乏针对性和系统性。二是科学学习评价的可操作性不强，缺乏实践的基础，还有待得到学校、家长、学生等各方面的支持，力求更实际可行的科学学习评价体系的完善。

第三节　小学科学形成性评价及其策略

小学阶段的科学学习的出发点与归宿就是对每一个学生的关注，关注每一位学生的全面发展。《基础教育课程改革纲要》强调指出“改革评价是为了改进和完善教学过程，从而有效地促进学生的发展”。因此科学学习评价的实施策略要以学会探究、发展个性、学会反思、乐于合作、不断发展为目标，最终是为了促进学生的科学素养的提高。

经过与科学教师的交流和讨论，接触和了解了学生的需要和想法，给出小学阶段学生科学学习评价实施的相关建议如下：

一、小学阶段科学学习评价应注重过程性评价

小学阶段的科学学习是一个不断发展的过程，不能以静态的观点只注重最后的结果，而忽略学生学习的过程。新课程要求我们关注每一位学生的发展，是指学生在原有基础上的提高，每一位学生都是一个动态变化的个体。为此，我们的学习评价也应该注重过程性评价和结果性评价相结合。科学课程中，主要的学习方式有科学探究，过程性评价侧重考查学生在探究活动中的实际表现，可以从学生的情绪状态、注意状态、参与状态、交互状态、思维状态、生成状态等方面进行多维度、多层次评价。过程性评价可以客观地反映出学生的学习状态，为之后的学习提供改善依据，促进其发展。为此，在评价理念上就要不断更新，不再将评价的重心放在结果性评价上。在评价的方法上也注重关注学习的过程，如课堂学习中运用课堂观察量表对学生的各项学习活动进行评价，在探究活动中运用探究评价手册，关注探究过程及探究的结果，运用质性评价和量化评价相结合的手段，实现关注学习过程，反思评价结果。

二、小学阶段科学学习评价应注重多元化评价

科学学习评价的多元化，不仅指评价主体的多元化，也包括评价内容、方法的多元化。在科学课程的学习中，不仅要关注对科学知识的掌握，也要有科学技能和方法的发展，养成良好的科学态度，热爱科学，学会关注科学、社会与技术的发展，从而提高学生的科学素养。基于评价内容的多元化，在运用评价方法时，应灵活多样。必要时可以运用多种评价方法相结合，综合

多方面情况更为客观地进行学习情况的反映，从而更好地促进学生的科学学习。在此过程中，除了关注传统评价中教师的评价，也应该注重学生自我反思评价、同伴互评和家长的客观意见。学习过程的主体是学生，通过学生的自我反思评价，可以激发学生科学学习的内在需求，达到更好的学习效果，促进学生的全面发展。自我评价的实现也充分地考虑到了学生的学龄段的特征及心理特点，在小学阶段，学生的依赖和反省能力还有待加强，运用多维的评价反思量表，以鼓励的方式激发学生学习的兴趣，反思自己的学习过程，以质性评价为主。

三、小学阶段科学学习评价应注重激励式评价

小学阶段科学学习评价的对象是小学生，此学龄段的学生的可塑性比较强，期待被赞许，通过鼓励的方式可以强化其优良的学习行为，养成良好的习惯，因此应该加强评价的鼓励机制。在评价的过程中要善于发现闪光点，鼓励学生将优势领域的智能迁移到弱势领域，从而实现全面的发展。在科学课程的学习过程中，可以设置如“课堂表现之星”“小小发明家”“科学小博士”“最佳作品之星”等的评价机制，激发学生的学习热情和兴趣。通过表扬和赞许等的激励评价机制，调动学生参加科学学习的积极性，并将这种积极性转化为持久的人生趣味，满足其对自我肯定的成就感，这将是不断学习的动力。但是在进行鼓励式评价时也要注意，不能泛泛为之，毕竟每个学生都是独一无二的，泛化评价不但不能引起学生的自我激励，可能还会使学生带有负面情绪，影响科学课程的学习。因此在进行鼓励式的评价时，要做到具有针对性，体现每个学生的个性特点，实现评价功能的最大化。

第七章　小学科学教学评估

第一节　小学科学教学评估的理论

科学课程的评价应能促进科学素养的形成与发展。评价既要关注学生学习的结果，更要关注他们学习的过程。评价指标应该是多元化的，要包括科学素养的各个方面；评价方法应该是多样的；评价主体则应包括教师、学生、家长等。这不仅是评价体系的变革，更重要的是评价观念、评价方法、评价手段以及评价实施过程的转变。作为教师，必须根据不同的评价目标，应用不同的评价方法对学生在教学过程中的种种行为及结果进行科学评价，从而有效发挥评价在优化课堂教学和促进儿童发展等方面的重要作用。

一、小学科学学习评价的概念

小学科学学习评价是依据一定的目的和测量结果对学生的科学学习态度、学习行为习惯和学业成绩所做出的价值判断。

依照不同的分类标准，学习评价有不同的类型。如按评价功能的不同，可分为诊断性评价、形成性评价和总结性评价；按照评价分析方法的不同，可分为定性评价和定量评价。

（1）诊断性评价。又称准备评价，是在科学教学活动开始之前，对学生的知识与技能、智力与体力以及情感态度与价值观等状况进行“摸底”，对教育背景、存在的问题及其原因做出诊断，以便为教学决策提供依据，使教学活动适合学生的需要。

（2）形成性评价。又称过程评价，是在科学教学过程中为调节和完善教学活动、引导教学过程正确而高效地前进而对学生学习结果所采取的评价。它能及时了解学生阶段学习的进展情况、存在的问题等，以便及时反馈，及时调整和改进教学工作。

（3）总结性评价。又称结果评价，是在科学教学活动告一段落时为把握活动最终效果而进行的评价。目的是检验学生的学业是否达到了预定教学目标，并对被评价者所取得的成绩做出全面鉴定、区分等级。

（4）定性评价。是对评价作“质”的分析，是运用逻辑分析方法，对评价所获取的数据资料进行思维加工。分析的结果是一种描述性材料。定性评价更重视对过程和相互关系的动态分析，以评价变量之间相互影响的过程。

（5）定量评价。是从量的角度运用数学方法，从复杂纷乱的评价数据中总结出规律性的结论。为了揭示数据的特征和规律性，定量评价的方向、范围必须由定性评价来规定。定性评价与定量评价密不可分，二者互为基础、互相补充。

二、小学科学学习评价的功能

小学科学学习评价直接影响到对儿童与生俱来的好奇心细心呵护的程度、影响到儿童的科学兴趣和求知欲的培养。对学生养成严谨认真负责的学习品质和个性特征，促进学生进行反思，学会对人对事进行客观、科学的价值判断，并学会自我评价作用重大。

（一）诊断功能

通过学习评价，可以了解学生学习各方面的情况，从而判断他的成绩和问题。全面的评价工作不仅能估计学生的成绩在多大程度上实现了教学目标，而且能解释成绩不良的原因，如学校、家庭、社会和个人中哪方面的因素是主要的。学习评价如同体格检查，是对教学进行一次严谨的科学诊断，以便为教学的决策或改进指明方向。

（二）调控功能

科学学习评价的结果必然是一种反馈信息，通过这种反馈信息可以使学生及时了解自身学习和发展存在的优势和不足，得到学习成功和失败的体验，从而为学生调整学习行为提供客观依据。学生据此变更学习策略、改进学习方法、增强学习的自觉性，使学生不断提高学习效率。通过学生自我评价，还可以促使学生自我意识不断加强，并通过自我调节实现自我超越。

（三）激励功能

通过评价反映出学生的学习成绩，对学生是一种促进和强化。在一定限度内，经常进行记录成绩的测验对学生的学习动机具有很大的激发作用。这是因为，较高的评价能给学生以心理上的满足和精神上的鼓舞，使学生增强自信心，激发他们向更高目标努力的积极性；即使评价较低，也能催人深思，激起学生奋进的情绪，起到推动和督促作用。

（四）教学功能

评价本身也是一种教学活动。在这种活动中，学生的知识、技能将获得增长，甚至产生飞跃。如测验就是一种重要的学习经验，它要求学生事先对教材进行复习，巩固和整合已学到的知识技能，事后对试题进行分析，又可以确认、澄清和纠正一些观念。另外，教师可以在估计学生水平的前提下，将有关学习内容用测试题形式呈现，使题目包含某些有意义的启示，让学生自己探索、领悟，获得额外的学习经验或达到更高的教学目标。

三、小学科学学习评价的理念

《基础教育课程改革纲要（试行）》明确提出“改革课程评价过分强调甄

别与选拔的功能，发挥评价促进学生发展，教师提高和改进教学实践的功能”，其根本目的是促进学生的发展。评价要关注个体的进步和多方面发展的潜能，重视评价的激励和改进功能。也就是说，评价要为学生的发展服务，而不是学生的发展为评价的需要而服务。

（一）评价内容全面化

评价要全面考查学生科学学习的状况，评价指标要涵盖科学素养的各个方面，不能只以学生掌握知识、技能的情况为主，而要全面评价学生在知识、技能、方法、能力、情感、行为习惯等多方面的水平和潜能，促进全面发展。

1. 科学探究能力评价

科学探究是科学学习的中心环节，处于三大分目标之首。在这方面重点可以评价他们动手、动脑“做”科学的兴趣、技能、思维水平和活动能力等。对于每一个具体的科学探究活动，可以有重点地选择其中几项，有针对性地制订评价标准。可以评价他们认识科学探究的程度，如是否知道科学探究活动常用的方法，是否知道科学探究活动中主要的环节等；也可以评价学生参与科学探究的过程、方法，如评价学生观察是否全面，设计是否合理，提问是否正确，假设是否恰当，测量是否准确等。不管科学探究的结果与水平如何，是不是运用了自己最擅长的方法表达探究结果；在科学探究活动的整个过程中是否积极主动、持之以恒；是否实事求是，尊重事实；是否能得出结论，并清晰地表达：是否能与同伴合作解决问题，是否注意收集第一手资料，收集、整理信息的能力如何等。

2. 情感态度与价值观评价

学生的情感态度与价值观既是科学学习的动力，影响着学生对科学学习的投入过程与效果，又是科学教育的目标。通过对学生情感态度与价值观的评价与引导，可以让学生在日积月累中感受、体验与内化有关的情感目标。在这方面可以评价他们学习兴趣是否浓厚，学习动机是否强烈；是否积极主动地参与学习活动（举手发言的次数、回答问题是否积极、参与讨论的积极性等）；能否尊重事实、尊重证据，能否大胆想象、勇于创新；是否乐于合作与交流，乐于采纳别人的意见，积极表达自己的意见，乐于改进自己的学习或研究；能否崇尚科学的人文精神，关心科学、技术与社会的关系及热点问题（如环境问题、人口问题、能源问题等）；能否从自我做起，热心参与有关活动，培养对自然和社会的关怀和责任感等。

3. 科学知识的评价

对学生的科学知识进行评价不是检查学生最终记住了多少学科的具体知识，而是要全面评价学生对生命科学、物质科学、地球与宇宙科学、人文与社会科学诸方面最基本的概念和技能的理解过程和应用情况，对所学的内容掌握的程度，能否在理解的基础上将所学知识用于新情境中，能否综合应用知识，灵活、合理选择方法解决有关问题，尤其是学习过程中表现出来的对科学知识的把握与应用。

（二）评价方法多样化

传统的评价以科学所崇尚的客观、量化为标志，这样把学生生动活泼的个性抽象成僵硬的数字，学生在各方面的发展和进步也被简化为数字，而个性的复杂性和学生发展的丰富性泯灭其中。科学新课程强调质性评价，倡导形式多样的评价方法，定性与定量相结合，质性与量化相结合的多样性评价，改变过去单一量化评价的僵化、简单和表面的特点，代之以评议法、突出表现记录、平时活动记录、知识能力测试、教师观察等开放性的质性评价与量化评价的整合，能更有效地了解学生的学习发展状况，有利于改进教学，促进学习。

1. 评议法

先由学生按指标要求自评，然后组成六人小组让学生互评，然后教师根据学生的表现，参照观察记录等情况，做出评定，最后是家长评议。采取这种方法本身就是对学生进行实事求是科学思想教育的过程，因此，教师要做好宣传、解释工作，精心组织。

2. 突出表现记录

对平时在上课中提问、回答、带活动材料等方面有突出表现的学生，可以加分，记入总结性评价表。教师或组长可以随机进行评价，以画星星的形式记录。

3. 平时活动记录

根据科学探究活动中活动前的准备和记录、活动中的发现和记录、活动后的延伸记录等进行评定。教师或组长可以随机进行评价，以画星星的形式记录。

4. 知识能力测试

期末进行测试，主要考查学生的知识水平、方法能力。以等级形式出现，分为四个层次：A 优秀；B 良好；C 一般；D. 要努力。

5. 教师观察记录

在平时上课中注意观察学生的科学学习表现，询问一些涉及推理和理解的问题，关注课堂学习事件，布置实践性作业收集信息，观察科学探究活动的参与积极性，根据以上因素进行综合评定。

（三）评价时机全程化

评价要贯穿教学的全过程，既要关注学生的学习结果，更要关注他们在学习过程中的表现与发展，通过对学生发展过程的关注和引导，在一定的目标指引下通过评价改进教学，不断促进学生发展。

评价伴随在教学过程之中是最近几年教育评价发展的一个新趋势。20 世纪 70 年代以来，随着现代教育评价的发展，评价促进教学质量提高的诊断、反馈、调控、改进等功能不断得到开发，人们越来越注重评价对教学的参与性。不但在一段教学结束时使用评价，而且在教学过程中，以及教学活动开始之前都使用评价，出现了评价伴随在整个教学过程之中的趋势。这种趋势的出现，产生了评价时机的全程化。

评价时机全程化理念的提出还基于小学生在科学学习中形成科学素养是一个长期的过程。它不像知识技能的学习那样每一个点每一个阶段都可以分别实施评价，而是一个长期的连续过程。在这个过程中，教师需要对每个学生科学素养主要方面的培养与发展进行持续不断的跟踪与调控，随时关注他们在科学学习过程中的表现与反应，包括各种能体现学生在科学素养方面有变化的有价值的信息，记录在案，进行分析与判断，在此基础上做出各种评价，可以是反馈、矫正，也可以是鼓励、导向，而不只是简单地给学生下一个结论，无论这个结论是等级还是分数。例如，在一个单元的教学或完成某项作业后，根据课程标准和教学目标，对学生的学习态度、学习习惯、学习方法、知识和技能、探究与实践能力、合作、交流与分享等一个或几个方面进行描述，判断学生当前的学习状态，根据学生的基础，指出学生的发展变化及其优势和不足，在此基础上对学生的学习提出具体、合理的建议，就典型地体现了评价的过程性。

需要注意的是，在过程性评价中，要将定期的正规评价如小测验、表现性评价和即时的评价如学生作业、课堂表现评价有机地结合起来，这两方面的评价对改进下一阶段教学和学习是同样重要的。过程性评价一定不要拘泥于形式，如硬性规定日常评价的时间间隔、字数、内容、形式等，只要教师对学生的观察和积累达到一定程度，觉得“有感要发”，就可以对学生进行评价并记录下来。记录形式也是多种多样的，可以写在学生的作业本上，也可以放在学生的成长记录袋中，还可以是学习报告单。要把对学生的日常评价和重要的资料系统地保存下来，这样才能体现学生发展变化的轨迹，使教师能够对学生某个阶段的学习状况有清晰全面的把握，也有助于学生对自己的学习进行反思并改进自己的学习方法。

（四）评价主体多元化

传统的评价中，评价的主动权掌握在教师手中，学生很难发挥参与评价的积极性，评价对他们的激励作用也很难体现。科学新课程鼓励学生本人、家长等参与到评价中，将评价变为多主体共同参与的活动。多主体评价能有效促进学生的个性发展和潜能挖掘。首先，鼓励学生进行自我评价能够提高学生的学习积极性和主动性，更重要的是自我评价能够促进学生对自己的学习进行反思，有助于培养学生的独立性、自主性和自我发展、自我成长的能力。其次，学生对他人评价的过程也是学习和交流的过程，能够更清楚地认识到自己的优势和不足。最后，多主体评价能够从不同的角度为学生提供有关自己学习、发展状况的信息，有助于学生更全面地认识自我。

1. 以教师为主体的评价

教师作为评价主体是教学评价的传统角色，教师是教学活动的组织者、引导者和促进者，教师的评价对学生的发展和成长至关重要。所以教师评价思想要建立在导向、发展的评价方式上。教师主体的评价方式应注意选择恰当的激励语句，评价态度要真诚，对学生的激励评价要适度，对学生的激励方式要因人而异。

2. 以学生为主体的评价

学生在教师的指导下，通过自定学习目标，自己检查目标的完成度，自己反思学习中存在的问题，自己采取措施调整与改进，达到自我教育的功效。学生除了自评以外，还可以在学习群体之间相互评价，建立一种新的互帮互学式的伙伴激励机制。学生的探究过程是一个小群体探究活动的过程，探究过程的评价主要采用学生间互评的形式。探究活动的形式多种多样，形成了学生在不同形式的活动中充当不同的角色，使学生有了不同的体验。每位学生在群体中成为被评价者的同时，也成了一个评价者。这也使评价更具全面性和公正性。学生在对他人进行即时的个别化的评价过程中，学会用欣赏的眼光来评价，不断地发现被评价者的优点，并及时予以交流。大家在彼此的欣赏中找到自身的不足，在彼此的欣赏中得到鼓励。

3. 以家长为主体的评价

学生家长对自己子女的情况最了解，让家长参与评价可以建立一种家长和教师共同关心学生科学学习的评价机制，也可以弥补教师对学生遗漏的评价。学生家长可用自己的方式针对学生的个性特长、兴趣爱好等进行适当的评价，这对学生的个性完善和能力提高有着不可替代的促进作用。

除此之外，还有以专家为主体的评价和以社区为主体的评价等。

（五）评价结果定性化

基于促进学生发展的理念，评价结果的呈现宜采用星级制、等级制、评语制等定性方法进行，学生的学习效果以学生学习过程中的阶段评价为依据，进行综合统计。

1. 星级评价

根据学生的个性差异和兴趣特长，变期末单一测试为灵活全面的阶段评价，综合考察后评出具有个性色彩的各种科学星：

（1）科学理论星（通过口答、测验、访谈等形式了解学生对基础知识的掌握情况。掌握一定的科学理论知识的学生可以获得此星）；

（2）科学实验星（通过实验操作、动手练习等形式了解学生的动手技能。能够熟练地进行实验操作和有良好的行为习惯的学生可获得此星）；

（3）科学设计星（通过现场观察、记录、学生互评等形式，了解学生对科学的设想与描绘，有科学设计作品的学生能获此星）；

（4）科学创作星（通过专题作业、作品创作等形式，了解学生对知识技能的运用以及情感态度与价值观的形成。有自己的创作作品的学生可获得此星）。

2. 等级评价

平时对开展的每项科学学习活动进行记录，评定等级，由小组长会同全体组员共同进行评定。学期结束，依据学生作品集、课堂评价表、单元评价表、学期评议表和综合评价期终测试的情况进行分析综合，确定等级。禁止把测试分数告诉学生和家长。教师应把有关分数看作是方便评价操作的手段，看作是学生的个人隐私，有义务保密，只向学生和家长报告各项等级评价结果。

3. 评语评价

教师根据评价情况，结合平时的观察，尽可能对每一个学生写出客观的评语。撰写评语要特别注意以下几点：使用第二人称“你”，禁止使用“该生”“该同学”这样的用语；以鼓励性语言为主，杜绝嘲讽、挖苦等一切不尊重学生的语言。对每个学生都至少要写 1 ~ 2 个老师特别欣赏的方面，使学生相信，只要努力就会学得更好；以商量的口吻向学生提出改进建议，并要表明老师对学生是充满信心的。

第二节　小学科学教学评估的方法

小学生科学学习的评价方法多种多样，下面介绍以价值取向为标准划分的三类方法：目标取向的“标准”评价法、过程取向的“档案”评价法和主体取向的“自省”评价法。

一、目标取向的“标准”评价法

按预定的科学课程目标制定出一套较客观、准确的标准，然后对照标准通过试卷、评价量表等形式获取数据进行分数、等级或星级的评价，称为目标取向的“标准”评价法。这种评价追求的是评价的客观性和科学性，为了使评价结果“客观”“准确”，往往将预定的课程目标以行为目标的方式来陈述，从而直接获得与课程计划或教学结果是否相符的证据，是一种关注结果的评价。下面具体介绍“评价量表”法。

评价量表是教育评价中对表现、满意度、没有现存工具可以测量的综合因素等比较抽象的评价对象进行评价时常用的办法。评定量表一般按照评价对象符合评价指标要求的程度分成若干等级，评价者把心目中对评价对象符合评价指标要求的程度，按高低归入某一级别，得出最后的评价结果。也可以把符合程度的用某一范围的数字，比如 1～10 表示，再按照数字与等级的对应规定，转换成等级。有的评定量表直接把评价指标的标准分解成等级要求，且与相应的等级对应。使用这样的评定量表，只需要评价者判断评价对象的表现最符合哪一类等级要求即可，比直接按符合程度定等级容易一些，但是它的难度在于等级要求的制定。因为并不是每一种评价指标都能非常清楚地制定出等级要求的。

二、过程取向的“档案”评价法

不受预定目标的限制，把学生学习过程中具有教育价值的全部情况通过档案形式记录下来进行评价，称为过程取向的“档案”评价法。这种评价强调把教师与学生在课程开发、实施以及教学过程中的全部情况都纳入评价的范围，强调评价者与评价情境的交互作用，主张凡是具有教育价值的结果，如学生在课堂中取得的点滴成就，不论是否与预定目标相符合，都应当受到评价的支持与肯定，是一种注重过程的评价。下面具体介绍“档案袋”评价法。

“档案袋”评价是新课程倡导的质性评价的重要方法之一，它是通过把显示学生学习成就或持续进步信息的一连串表现、作品、评价结果以及其他相关记录和资料收集起来进行评价的方法。通过建立档案袋，一方面，可以督促学生经常检查他们的科学学习情况，在自主选出比较满意的学业作品的过程中，反思他们的学习方法和学习成果，培养他们学习的自主性和自信心，从而有效发挥档案袋评价对学生的促进作用；另一方面，也为教师、家长和其他人提供了更加丰富多样的评价材料，使教师能够更加开放地、多层面地、全面地评价每一个学生。

根据科学课程目标，“档案袋”内主要收集学生科学学习过程中的探究活动记录单、撰写的小论文、小制作、小标本、查阅的文献资料、收集的自然图片或图片简报及一些定性、定量的评价表。“档案袋”内容的收集、编排和保存等工作都由学生自己承担，教师主要负责指导学生如何去操作，并关注、监控这个过程。下面是一位四年级的科学教师组织学生收集“档案袋”材料的过程。

1. 根据教学内容设计、收集材料

主要收集以下几个方面的材料：① 花的结构或种子结构的标本。② 养蝌蚪或养蚕的观察记录或养殖心得。③ 探究太阳能热水器的秘密实验报告及其探究活动评价表。④ 探索月球秘密剪报或手抄报。⑤ 阅读科普读物记录表或查阅的资料。⑥ 其他各方面获得的表扬或参加活动（如兴趣小组活动）的书面评价材料以及反映科学素养提高的其他有关材料。

2. 阶段性评价

每单元抽出一节课时间让学生交流与评价。如“花的构造”“种子的构造”“养蚕”“养蝌蚪”单元学习，教师设计了如下单元学习评价表。发动学生自评、互评。学生根据学习情况交流评价，教师再进行总评。学生把这些单元学习评价表和观察记录等收集在档案袋内，作为期末总评的依据。

3. 定期展览

在班级和学校都开辟专栏，展览学生的作品并进行评比。参与展览的作品由学生自荐或由小组、教师推荐，作品展览和评比由学生轮流组织，参与评定的人可以是本班学生、家长、各科任教师或其他班的学生。

4. 自省与反思

在阶段评价和展览的基础上进行反思，让学生学会反思。反思对于档案袋评价是非常重要的。教师应设计反思评价表。例如：① 你为什么从“档案袋”中选择这些内容来反思？② 从反思中你学到了什么？③ 在学习中，你最大的困难是什么？你是如何解决的？④ 你觉得哪个方面做得最好？展览的收获。

反思评价表也收集在档案袋内。反思既是评价的方式，学会反思又是评价的目的。

三、主体取向的“自省”评价法

通过学生对自己科学学习行为的“反省”，采用作“自我评价报告”“学习总结报告”等形式进行评价，称为主体取向的“自省”评价法。这种评价不是靠外部力量的督促和控制，而是靠每一个主体对自己行为的“反省意识和能力”，这里教师不再是评价的主体，突出了评价中学生的主体性，是一种既关注结果又注重过程的评价。

（一）自我评价报告法

自我评价报告法采用问卷的形式进行，要求学生对他们所做的事情和科学学习的质量做出认真的、有想法的评价。根据自我评价报告的表格样本，借此发展一种更适合学生个人用途的、有创意的表格。同样，因为儿童在科学活动中的学习将更为精细复杂且范围更广，所以要不断地对报告表格进行修正以反映这种发展。

（二）学习总结报告法

学习总结报告法以“白卷”作文的形式进行。学生完成一个阶段的科学学习，给学生每人发一张白纸，要求学生针对自己本阶段的科学学习情况写一份学习总结。学习总结的形式可以是文字型的，也可以是图表型的、漫画型的，还可以是图文并茂甚至彩绘型的。学生为了能在一张白纸上展现出自己一个阶段的学习成果，在写这份学习总结时，势必先梳理自己的思路，重新回顾这一阶段的学习情况，寻找学习中的“亮点”。它能较全面而又真实地反映学生日常学习的实际情况和发展状况。学生的学习态度、智力水平、审美观、价值观等都能如实地在这张纸上体现出来。

第八章　小学科学教师跨学科教学素养的构成与培养

第一节　小学科学教师跨学科教学基本内容

一、跨学科的基本内涵与历史演进

（一）从词源的角度考察“跨学科”的内涵

1.“跨”字的内涵

在《说文解字》中“跨”字意为“渡也，从足夸声”，指抬腿越过，这与老子在《道德经》第二十四章“企者不立，跨者不行”中的意义一致。现如今，“跨”字的引申意义为“超越”，即跨越界限。例如，“跨时代”“跨世纪”指跨越时间的界限；“跨文化”“跨国”指跨越空间的界限。除此之外，耳熟能详的“跨专业”指跨越专业的界限。从以上几种解释可以看出，“跨”字在引申意义上，其本身就要求跨越的时间、空间或其他对象的数量在两个或两个以上，这样才能称其为“跨”。其次，跨越对象之间必须存在一定的联系，为“跨”的实施提供必要条件。此外，在跨越界限后，跨越对象之间产生了必然的互动，实现“跨”的意义与目的。

2. “学科”的内涵

“学科”这一概念自古已有，是人类社会知识积累达到一定程度后，将大量的知识进行体系化分类的结果，因此学科与知识是密不可分的概念。例如，我国古代就曾采用“经史子集”对已有的儒家经典、史实传记、科技著作和诗文集等文献进行较为系统的分类，虽然这些分类与现代学科的概念有差异，但却并不影响人们对古代学科的认识。随着现代科学的发展，“学科”这一概念的内涵逐渐丰富并得到广泛应用。《辞海》中对“学科”概念的解释包括两层含义：一是指学术分类，也就是人类知识体系中一定科学领域或一门科学的分支，如自然领域中的化学、生物学、物理学等，或是社会科学中的法学、社会学等专门、系统的知识；二是指教学的科目（或称学校学科），是根据一定的教学理论分门别类地组织起来的知识与技能体系，是学校教学内容的基本单位，如周代学校中的“六艺”和西欧中世纪早期学校中的“七艺”，以及现代中小学开设的语文、数学、英语、科学、美术等科目。在教育教学领域，通常我们研究的学科是指具体的教学科目，而不是关于学术的分类。

3. “跨学科”的内涵

“跨学科”作为教育学术语，有三层不同的含义：

（1）“跨学科”是所有具有跨学科特点的学科的总称，指包括众多跨学科的学科在内的学科群，可与“交叉科学”在同等意义上使用。

（2）“跨学科”是一门高层次学科，主要致力于研究跨学科的规律和方法，在此意义上可称为“跨学科学”。

（3）“跨学科”作为复合词时，可看作是由动词“跨”加名词“学科”组合而成，指的是跨越具体教学科目的界限，这是跨学科的基本含义。

“跨学科”的英文为“interdisciplinary”，由“disciplinary”（学科的）加上前缀“inter”构成，这一构词方式表示了学科与学科之间的互动。经济合作与发展组织（OECD）据此对跨学科进行定义时就强调了两种或两种以上学科之间的互动。由此可见，“跨学科”与“学科”相对应，“学科”是“跨学科”的基础及前提。有研究者进一步细化了跨学科概念，提出有工具性跨学科、概念性跨学科这两种不同的跨学科形式——工具性跨学科只强调跨学科是一种问题解决的实际方式与行为，并不强调学科间知识的综合或融合；概念性跨学科强调跨学科需要学科间知识的合成，包括新概念的形成，方法论的重组等。

综上，第一，将“跨学科”作为复合词研究，选取跨学科字面的解释——跨越教学科目的界限，第二，“跨学科”是指工具性跨学科，强调两个或两个以上的学科之间产生互动，是解决问题的一种行为方式。值得注意的是，在跨学科实施进程中，跨越学科的数量在两个或两个以上，其次跨越的学科之间存在某种内在的联系，且跨越的学科之间会产生一定的互动，才能称得上真正的“跨”学科。一方面，“跨学科”要求学科知识的专业化，即学科知识体系趋于成熟、系统、完善是进行跨学科的前提条件之一，如果学科知识体系零散、不完善，跨学科将难以达到预期效果。另一方面，“跨学科”更加注重学科之间的互动，即围绕核心问题综合运用多种学科知识、方法或思维解决问题，如果学科未产生互动，那么跨学科将流于形式，难以真正达到实践效果。

4. 学科互动的阐释

跨学科更加注重学科之间的互动，如果学科未产生互动，那么跨学科将流于形式。如何判断学科之间是否产生互动，本书借鉴了博恩鲍姆提出关于跨学科研究判断的指标体系，再结合小学科学教学，主要包括以下八个方面：

（1）在教学中有不同的知识主体；

（2）教学过程中科学分组，小组成员能采用不同的问题解决方式；

（3）在问题解决过程中，小组成员分工明确、各尽其责，扮演好不同的角色；

（4）小组成员能够较好地进行分享、交流；

（5）小组成员的合作是为了解决共同的问题；

（6）对于得出的结论小组成员集体负责；

（7）所要解决问题的难易程度影响小组成员的构成；

（8）小组成员完成工作的方式是相互影响的。

（二）跨学科概念的演进与发展

“跨学科”一词最初见于20世纪20年代美国社会科学研究理事会会议速记内容中，1926年由美国哥伦比亚大学著名心理学家伍德沃思教授首次公开使用。20世纪30年代初，“跨学科”概念的使用仍限于社会科学研究理事会内部，直至20世纪中期，“跨学科”这一术语才逐渐被社会科学界普遍使用。20世纪60年代以后，“跨学科”概念在新知识领域普及，例如在性别研究、区域研究等的使用更加广泛，并衍生出与跨学科相关的“跨学科性”“跨学科研究者”“跨学科关系”等概念。20世纪70年代以来，跨学科的发展得到政策扶持，成为政治讨论中的重要话题，例如在“人类和生物圈”计划中联合国教科文组织区分了跨学科研究的不同形式。1972年，经济合作与发展组织在《跨学科的教学与研究》报告中对跨学科进行了较为科学的论述，被认为是关于跨学科探讨的开端。20世纪80年代，跨学科在中国兴起，引起众多学者的讨论与关注。由此可见，虽然跨学科这一术语出现时间较晚，但随着社会环境的变化与学科内部的发展，跨学科在近百年的演变中内涵逐渐丰富、使用更加频繁、讨论更加广泛，且推动了关于跨学科相关研究的发展。

1. 跨学科教育

跨学科教育的发展是20世纪以来学科知识高度分化与交叉综合的必然结果，最早可追溯到第一次世界大战前后的“普遍教育”运动中。20世纪30年代，美国明尼苏达大学开设了当代文化课程，这是一门涵盖文化、社会、科学、历史等多学科的综合性课程，可视为大学跨学科教育实施的萌芽。20世纪60年代，教育研究与研究中心通过调查发现了跨学科活动的五个源头，强调可将跨学科教育引入高等教育中以提高问题解决效率与合作研究能力，与此同时，美国率先开始研究跨学科教育。进入20世纪70年代后，在相关政策的指引下，诸多国家进行教学模式和课程内容的改革，诸如美国、英国、法国、德国等国在高等教育中积极实施跨学科教育，以培养复合型人才，从此推动了跨学科教育的快速发展，并形成国际潮流。在知识大爆炸的现代，知识的分割必然会促进学科的产生，跨学科教育作为高等教育中新的大学理念以及培养创新人才的模式，正方兴未艾。

2. 跨学科学习

在跨学科概念的基础上，英国科学家汉佛莱于1981年提出“跨学科学习”这一概念并对其进行了基本定义，他指出跨学科学习是学生广泛地探索与自身生活环境相联系的某些问题时涉及的不同科目的知识，而这些知识可能牵涉社会学、人文科学、自然科学以及数学等多个领域，在多学科领域交流的过程中学生能够发现、发展、运用知识与技能。除此之外，美国国家科学院促进跨学科研究委员会也对跨学科学习进行了阐述，强调跨学科学习需要学习者整合两个及两个以上学科领域或专业知识体系的概念、理论、数据以及思维模式等，促进学习者更好地理解跨学科知识，以实现学习者通过单一学科学习不能达到的目的。如今，随着世界各国教育改革浪潮的推进，跨学科学习顺应了各国对未来人才的需求，是培养创新型人才的必由之路。

3. 跨学科教学

在跨学科学习概念的基础上，美国学者舒梅克于1989年提出“跨学科教学”这一概念并将其定义为在教学过程中超越学科间的界限，整合课程的各方面，从而建立有意义的、内在的联系，促使学生在更广阔的领域进行学习。20世纪90年代中期，德国提出跨学科教学其实就是教师以一个学科为中心，选取一个中心题目后运用不同学科的知识展开加工与设计，并根据此概念在文化部长会议上制定了关于“对高中学生所学学科的继续开发及毕业考试”规定，将跨学科教学提上日程，于是各州就开始倡导跨学科教学方式，对中小学教学大纲、教学方式等展开了讨论并着手实施。例如，萨克森州于2002年开始讨论制定新教学大纲，将跨学科教学视为重中之重，并于2004年正式开始实施这一教学方式。当下，跨学科教学方式的提倡与我国课程改革中所倡导的学习方式与教学方式相吻合，有利于转变学生的思维方式，促进学生更好地发展，是培养未来社会所需人才的方式之一，也是本书重点探讨的话题之一。

跨学科概念的演进与发展历程较为丰富多彩，除了上述相关概念，还有跨学科课程、跨学科教学团队、跨学科教学模式等都与跨学科的兴起密切相关。

二、小学科学教师跨学科教学的内涵

（一）小学科学教学的特殊性

跨学科教学是为践行小学科学课程标准中的教学理念，推动小学科学教学发展，引导学生进行跨学科学习，从而对小学科学教师提出的要求。要明确跨学科教学的内涵，首先必须回归小学科学教学的特殊性，小学科学教学与小学语文教学、数学教学、英语教学等其他学科教学到底有何本质差异？对于这一问题的思考，需要认真回顾小学科学教育的产生与发展，以及回归小学科学课程标准中对科学课程性质、科学课程目标以及科学课程价值的解读，具体分析如下。

1. 小学科学教育的产生与发展

科学教育的产生最早可追溯到16世纪，培根、夸美纽斯和洛克等人开始提倡传播自然科学知识，进行科学教育。到了17世纪，随着数学、化学、生物学等领域重大发现和发明的呈现，诸如微积分的创立、显微镜的发明等，科学思想、科学知识、科学方法的影响力显著扩大。18世纪60年代随着第一次工业革命的兴起，社会发展需求的巨变，一些学者认识到自然科学在学校课程中的重要性，强调加强科学教育，培养适合时代发展的劳动者。由此可见，科学技术的突破是推动科学教育发展的重要因素，且科学教育发展之初是为了培养适应社会发展需要的人。19世纪初，科学启蒙教育开始在小学中进行，培斯泰洛奇倡导的实物教学便是科学启蒙教育的最初形式。20世纪初，美国科学研究者克雷格首次发表了关于小学科学教育的著作。20世纪中叶开始，许多国家开始改进小学科学课程。其中，最具代表性的便是美国，在“学科结构运动”的课程改革中，美国将科学教育视为重点，并大力开发小学科学研究课程，极大地推进了小学科学教育的发展。20世纪80年代以后，各国几乎都制定了小学科学教育标准，主要是为了培养学生的科学素养。我国义务教育阶段以来小学科学课程经历了由自然课程向科学课程的转变。1978年，教育部颁布了第三个《全日制十年制学校小学自然常识教学大纲（试行草案）》，规定在小学四、五年级设置自然常识课。1995年，为总结小学自然教学的经验与教训，召开了刘默耕科学教育思想研讨会，为促进小学科学教学改革奠定了思想基础。2001年随着《全日制义务教育科学（3－6年级）课程便准（实验稿）》的颁布，自然课程名称转变为科学课程，这是我国第一次采用科学作为课程名称，开启了小学科学教育的新篇章。由于早期科学教育是培养科学创新人才的奠基环节，所以小学科学教育的发展越来越引起人们的重视。

2. 小学科学课程标准的解读

2022年《义务教育小学科学课程标准》颁布（以下简称“新课标”），进一步明确了小学科学课程的性质、目标以及价值。首先，从小学科学课程的性质来看，新课标明确了小学科学课程是一门以培养学生科学素养为宗旨的基础性、实践性、综合性课程，强调学生需要综合运用物质科学、生命科学、地球和宇宙科学、技术与工程四个领域的知识和方法去理解自然现象和解决实际问题。实际上学生理解自然现象和解决问题的过程就是培养科学思维、发展科学素养的过程。科学思维是科学活动过程的核心，也是科学学科最本质的特征。其次，从小学科学课程的目标来看，其总目标是培养学生的科学素养并为学生继续学习、成为合格公民和终身发展奠定良好基础，而后再从“科学知识”“科学探究”“科学态度”“科学技术、社会、与环境”四方面分别阐述了具体目标。概括而言，就是为了帮助学生树立良好的科学态度，在科学探究的过程中构建并逐渐扩展科学知识，进一步了解科学与人类文明进步的关系，培育学生的社会责任感与社会主义核心价值观。最后，从小学科学课程的价值来看，小学科学课程内容分为四大领域，其中，物质科学领域的价值在于激发学生的好奇心，帮助学生形成良好的科学品质；生命科学领域的价值在于培养学生对自然界的兴趣与情感，初步获得生物学知识；地球与宇宙科学领域的价值在于激发学生探究宇宙空间的欲望，学习更多的地球知识，引导学生树立可持续发展观念；技术与工程领域的价值则在于提高学生合理利用资源、技术等解决实际问题的能力，真正实现“做中学”。

综上所述，立足于小学科学教育的产生与发展，跨学科教学这一教学方式的转变将成为小学科学教育发展的重要突破口，有利于推进小学科学教育更高质量地发展。回归小学科学课程标准的解读，在课程性质方面，小学科学自身就是一门融合了多领域知识与方法的综合性课程，跨学科教学能为学生提供多学科的思维和视角，促进学生的科学思维，创造性、发散性地解决问题；在课程目标上，小学科学课程总目标是培养科学素养，具有科学素养的学生能够认识到科学、数学和技术等是相互依赖、相互促进的，而跨学科教学能够促进学科之间的互动，在一定程度上促进科学素养的培养；在课程价值上，跨学科教学能够促进学生潜能的开发，发展学生的个性，适应未来社会发展需求，更有利于小学科学课程价值的实现。

（二）从小学科学教学中透视“跨学科教学”的内涵

结合“跨学科”的内涵，基于小学科学教学中对跨学科教学的透视，跨学科教学就是指以小学科学这一教学科目为中心，在科学学科中选择一个综合性问题，围绕这个问题进行教学加工和教学设计，促使两门及两门以上有内在联系的学科产生互动，引导学生在问题情境中综合运用知识解决问题的一种教学方式。在这里需要强调的是：第一，跨学科教学中的“问题”，不是单一学科的问题，而是涉及多门学科的复杂问题，是一个综合性问题。第二，跨学科教学是教师以综合性问题为中心，着重培养学生解决问题能力和创新能力的过程，在这里并未产生所谓的“跨学科知识”。第三，跨学科教学的本质是基于问题实现的学科之间的融通，并非强行在学科之间进行“搭桥”，也就是说跨学科教学必须在多门学科知识中寻找共同因子，建立学科间的内在联系。相对于习以为常的分科教学而言，跨学科教学是一种全新的教学方式，通过不同学科之间的互动，能为学生提供多学科的视角和思维来思考本学科的知识内容。

（三）小学科学跨学科教学教师与全科教师的区别

1. 定位不同

本书中小学科学教师跨学科教学的提出源于《义务教育小学科学课程标准》中提出科学课程学习中倡导跨学科学习方式，笔者认为既然倡导这一学习方式，则离不开教师跨学科教学这一教学方式。因此，小学科学教师跨学科教学的产生与课程标准的要求密切相关，其目的是适应当前知识经济时代对创新型人才的需求，通过学科之间的互动促使学生建立不同学科之间横向思维的能力，培养学生综合解决问题的能力。而我国小学全科教师最早的政策设计与具体落实大多集中在中西部地区，是为了解决农村小学师资不足问题的重要举措。2012 年，为发展农村教育、办好农村学校，教育部出台了《关于大力推进农村义务教育教师队伍建设的意见》，提出要多渠道扩充农村优秀师资的来源，采取定向委培等方式扩大小学全科教师的培养规模。基于此，全国不少省市开始积极培养小学全科教师。2014 年，为进一步优化农村学校师资配置，缓解农村教师结构性紧缺问题，教育部颁布了《关于实施卓越教师培养计划的意见》，重点探索小学全科教师培养模式，以培养卓越小学教师。由此可见，全科教师的培养与我国农村基础教育改革密切相关，主要是面向农村小学教育的实际需求，致力于培养适应农村小学教育需求的全科教师。

2. 实质不同

笔者认为小学科学教师跨学科教学是小学科学教师在学科教学的过程中，选择综合性问题后进行教学加工与设计，促使科学学科与其有内在联系的学科之间产生互动，引导学生在问题情境中综合运用知识解决问题的一种教学方式。并且，笔者在后文中也明确了小学科学教师跨学科教学的范围，即小学语文与英语、数学、音乐与美术以及综合实践活动。而关于全科教师的内涵界定尚未统一，有学者认为小学全科教师是能够承担小学阶段所有学科教学工作的教师。也有学者认为小学全科教师并不需要承担所有的教学科目，而是能胜任 2 ~ 4 门教学科目的多科型教师。通过对内涵分析可知，首先，小学科学教师虽然进行跨学科教学，但其仍然以科学学科为主，在科学教学的过程中通过跨学科的方式更好地讲授科学课程知识。相比之下，无论全科教师的内涵存在怎样的争议，不可否认的是全科教师需要承担多门学科的教学工作。其次，小学科学教师进行跨学科教学也不能改变其仍是分科教师的身份，相比之下，全科教师是相对于分科教师而言的多科型教师。再次，跨学科教学只是科学教师教学方式的一种，而且在科学教师跨学科教学过程中，其“跨”学科的范围不仅有限而且跨越的学科之间存在内在联系，而全科教师是教师教育的一种培养方式，其“跨”学科教学的过程是相互独立的，与科学教师跨学科教学有本质上的区别。

3. 作用不同

科学教师进行跨学科教学能够引导学生在问题情境中综合运用多学科的知识和视角看待问题，在一定程度上优化了科学学科与其他学科之间的联系，丰富了教学内容。而且，跨学科教学中涉及了知识的迁移与综合，将其他具有内在联系的学科与科学学科相结合，侧重于培养学生建立不同学科之间横向思维的能力，培养创新型人才。而全科教师的培养深深植根于农村小学现实发展的需要，是缓解偏远地区小学师资力量不足的有效手段，在一定程度上优化了教育资源配置，对促进教育公平也起到了一定的作用。

三、小学科学教师跨学科教学的范围

小学科学课程结合学生身边较为常见和易懂的自然现象或生活现象，从物质科学、生命科学、地球与宇宙科学以及技术与工程四个领域入手，深入挖掘其中所蕴含的科学知识和科学方法，并在新课标中倡导跨学科学习方式，提倡科学教师开展 STEM 教学，强调科学课程与语文、数学、综合实践活动等课程进行互动。虽然关于 STEM 概念的界定目前尚未统一，但是学界关于其跨学科的核心特征与其发现学科知识间的内在联系这一本质已基本达成共识。在小学科学教学中，既强调运用 STEM 教学方式又倡导开展跨学科学习并与其他学科进行互动，那么在小学阶段开设的语文、数学、英语（三年级及以上）、品德与生活（品德与社会）、科学、音乐、美术、艺术、体育、综合实践活动课程中，科学课程应该和哪些课程产生跨学科的互动呢？为避免跨学科教学实践产生的落差导致教学形式的复杂化、教学内容的拼凑化，应致力于寻找科学课程与其他课程的内在关系，学科本身的连贯性和内在逻辑远远大于学科之间不自然的整合。

经研究将现小学科学教师教学中跨学科的范围设置为小学语文与英语、数学、音乐与美术以及综合实践活动，具体理由如下。

（一）小学语文与英语

美国格雷特·亚克门教授及其团队在STEM教育的基础上引入了艺术，强调从更多视角、更宽领域认识学科间的关联。从广泛的层次来分析艺术“A”所包含的人文艺术科目，涵盖了语言、音乐、美学、社会研究、形体、表演等。语言是人类社会最为重要的交际工具，也是信息传播必不可少的载体，而语文和英语是语言的体现方式之一，进行语文和英语课程的学习过程正是一个感受语言、理解语言、积累语言和运用语言的过程。语文课程致力于培养学生运用语言文字并进行阅读理解的能力，能够为学好其他学科奠定良好基础；英语课程能够帮助学生掌握基本的英语语言知识，在一定程度上促进学生理解其他国家的科学文化知识。综上所述，语言作为交流和思维的工具，加强科学与语言、英语这两门学科之间的联系与互动，有利于学生更好地感受、理解科学文本，广泛地阅读、积累国内外科学知识，并能运用文字撰写科学论文和观察日记等。

（二）小学数学

德国数学家高斯曾说“数学是科学的女王”，印度数学家拉奥强调“一个国家的科学水平可以用它消耗的数学来度量”。由此可见，科学与数学之间存在着密切的联系。在小学科学教学中，科学活动探究中数据的分析与处理、模型的建立等都离不开数学知识、数学思维与数学方法。而小学数学课程注重培养学生的数学思想，能够发展学生的数据分析观念、推理能力和模型思想，帮助学生形成良好的数学思维与数学方法，提高解决问题的能力。由此可见，在小学科学跨学科教学的过程中，加强小学数学与科学的互动，有利于帮助学生更好地进行科学探究、科学有效地解决实际问题。

（三）小学音乐、美术与艺术

由 STEM + A 教育框架可知，艺术“A”所包含的人文艺术科目，涵盖了语言、音乐、美学、社会研究、形体、表演等。在小学阶段开设的课程中，艺术、音乐与美术是与“A”相关的具体科目。为何看似相隔甚远的科学却与音乐、美术、艺术存在着紧密的联系呢？首先，就音乐学科而言，音乐是极具创造性的艺术，学生可以探索自然界和生活中的各种声音与旋律，列举声音与日常生活现象及自然现象的联系，而这恰恰是在进行科学“物质科学领域”教学所探讨的声音的产生与传播、声音高低及强弱，所以教师能够利用音乐知识帮助学生更好地理解科学知识，两者相互联系、相互贯通。其次，就美术学科而言，美术课程主要凸显视觉性，即培养学生对视觉形象的感知，这与科学教学中“生命科学领域”观察动植物的外部形态特征与结构密切相关。而且《义务教育美术课程标准》中也指出美术要结合科学内容进行创造与展示，结合科学学科知识（如平衡、运动、光、电等原理）设计创意作品。因此，小学科学跨学科教学必须与美术学科相结合。最后，就艺术学科而言，艺术课程本身就综合了音乐、美术等艺术门类？因此具备音乐课程、美术课程与科学课程之间相互联系的属性。在《义务教育艺术课程标准》中，课程目标强调尝试结合艺术手段与科技手段进行艺术创造，从而促进科学思维和艺术思维的发展，并在课程内容中详细列举各阶段艺术与科学之间的关联。小学科学教学中也强调科学思维和科学素养的培养，因此与艺术课程密切相关。

（四）小学综合实践活动

综合实践活动是一门以培养学生综合素质为重点的跨学科实践性课程，在小学阶段，强调培养学生问题解决能力与创意物化能力。在问题解决中，学生需要提出感兴趣的问题并能将问题转化为研究课题，最终解释问题，这与科学教学中利用科学方法与科学知识探索身边实际问题的观念不谋而合。此外，在创意物化过程中，学生需要通过动手操作实践制作有一定创意的作品，这不仅有利于学生创造性的发挥，也有利于培养学生的动手能力。在小学科学教学中，学生也需要通过实验得出科学结论，需要发挥想象设计科技作品，如果能将综合实践活动与小学科学教学紧密结合，在一定程度上不仅有利于达成综合实践活动课程的目标——跨学科实践，而且也能使小学科学跨学科教学更丰富多彩。

四、小学科学教师跨学科教学的特征

小学科学教师跨学科教学不同于分科教学，有其独有的特征，主要表现在教学视角的全面性、教学内容的合理性以及教学方法的知识性。

（一）教学视角的全面性

在小学分科教学中，教师往往更关注本学科、本单元、本节课所讲授的内容，尝试通过不同的教学方式与手段深入挖掘知识的深度，促使学生牢固掌握所学内容。而且在分科教学中，教师一般不会打破学科界限，渗透不同学科知识或方法，不同学科的教师之间也缺少交流、沟通与合作。而在跨学科教学中，小学科学教师需要打破学科界限，发现学科之间的内在联系，并为学生提供多学科的思维和视角解决本学科的问题，因此小学科学教师跨学科教学的教学视角比分科教师更为复杂、动态。此外，在跨学科教学的过程中，小学科学教师也需要深入挖掘教学内容与其他学科之间的关联，为跨学科教学建立一座真正的“桥”，因此相比于其他教师具有较为独特、全面的教学视角。

（二）教学内容的合理性

在小学科学跨学科教学的过程中，并不是简单地将一门学科加上另一学科拼凑形成教学知识内容，也不是每一节科学课都要采取跨学科教学的方式。跨学科教学实施的目的是培养学生的跨学科思维，促使学生利用不同学科的知识或方法研究问题，从而帮助学生获得相关的知识技能，促进学生全面发展。因此，在跨学科教学的过程中，小学科学教师必须合理地、精心地选择教学内容，找准学科间的联系，找到本学科教学内容与所跨学科教学内容的最佳结合点。这样既能促进学生理解教学内容，又能帮助学生在跨学科学习中得到发展。否则，就会造成跨学科教学流于形式、跨学科教学内容拼凑化，这样不仅不利于学生真正实现跨学科学习，而且还会加重科学教师的负担。

（三）教学方法的知识性

任何学科在教学过程中都在传递着教学知识，为何在这里特地强调跨学科教学方法的知识性呢，是因为跨学科教学在实践过程产生了教学方法趋向“研究化”的现象。教学方法趋向“研究化”是指教师在组织开展跨学科教学时，主张通过跨学科“研究”式学习，在各种实践活动探究中获得直接经验。这其实是对教学本质的否定，助长了轻视知识的风气。因此，笔者在跨学科教学的特征中突出其教学方法的知识性，意在强调在跨学科教学的过程中，教师不能一味追求教学方法的研究化，而是应该通过跨学科教学这一教学方式，促使学生找到知识间的联系、发展解决问题的能力。

五、小学科学教师跨学科教学的必要性

社会各界在理论和实践上积极探索跨学科教学的实施与运用时，也有不少学者对跨学科教学持质疑态度，一是由于传统的分科教学经过多年实践探索取得一定的成效，实施跨学科教学其教学效果不一定理想，教学质量难以保障；二是跨学科教学适合教学能力强、具有一定教学经验的教师，现阶段不是所有的教师都可以采用这一教学方式；三是有学者提出跨学科教学的实施必须有跨学科课程支撑，而目前跨学科课程资源的开发面临着巨大的挑战与困境。以上的质疑确实在一定程度上反映了跨学科教学在实际进行中面临的问题，但不能作为否定跨学科教学实施价值的原因。以下，笔者将从人才需求、课改要求以及价值诉求三个方面来探讨小学科学教师跨学科教学的必要性。

（一）人才需求

2016年5月，中共中央、国务院印发《国家创新驱动发展战略纲要》，提出战略目标分三步走：第一步——2020年进入创新型国家行列；第二步——2030年跻身创新型国家前列；第三步——2050年建成世界科技创新强国。三步中每一步战略目标的实现都需要强大的人才力量作为支撑，而中国目前高水平技能人才和创新型人才的缺乏将成为创新发展的瓶颈。同年，国务院办公厅印发《全民科学素质行动计划纲要实施方案（2016—2020年）》，强调“科学素质决定公民的思维方式和行为方式，是实施创新驱动发展战略的基础”，并指出“在科技教育中展开跨学科探究活动”。该实施方案的颁布表明国家正在逐步推进跨学科的发展，以此促进创新人才的培养，适应未来国际竞争的需求。小学科学实施跨学科教学，是积极响应国家政策的表现，为创新型人才的培养奠定坚实的基础，为2050年建成世界科技创新强国培养一批扎实的中坚力量。

（二）课改要求

科学的本质是一种大科学，这种大科学观决定了我国科学教育发展的趋势必然是由分科走向综合。具体到小学科学教学中，2017年教育部印发《义务教育小学科学课程标准》，其中也强调小学科学是一门综合性学科，需要运用不同领域的知识和方法解决实际问题。既然需要运用不同领域的知识和方法，那么科学教师在教学过程中自然需要引导学生运用不同学科的视角、知识或者方法来思考问题并解决问题。在此，“跨学科”就显得尤为必要，能够为课堂教学注入新鲜活力，推动小学科学课程实现由内而外的发展。此外，《义务教育小学科学课程标准》倡导跨学科学习方式，既然学生需要跨学科进行学习，那么教师跨学科进行教学必不可少。斯滕豪斯曾说“没有教师发展，就没有课程发展”，教师是课程改革中占据不可或缺的位置，是课程改革的重要力量。跨学科教学不仅是教师改进教学方式、促进自身发展的途径，也是推动课程改革的具体实践。由此可以看出，跨学科教学在小学科学教学中势在必行。虽然现在正处于探索阶段，但是随着对跨学科教学的关注，其发展之路才刚刚起步。

（三）价值诉求

首先，跨学科的出现是对传统学科的突破，是应对未来社会复杂问题的方式之一。跨学科打破了传统学科的界限，在学科之间架起了一座沟通的桥梁，有利于加强学科间的联系，使得不同学科领域的知识、方法等开放融合，能够更好地应对未来社会发展面临的复杂问题。其次，跨学科教学可是看作是教学范式的转变。跨学科教学能够引导学生在问题情境中综合运用多学科的知识和视角看待问题，打破了传统意义上习以为常的分科教学界限，在一定程度上优化了科学学科与其他学科之间的联系，丰富了教学内容，转变了教学范式。最后，跨学科教学是思维转变的重要方式。跨学科教学中涉及了知识的迁移与综合，将其他具有内在联系的学科与科学学科相结合，侧重于培养学生建立不同学科之间横向思维的能力。对学生而言，跨学科教学是思维活力迸发的新天地，也有利于激发学生的学习兴趣；对教师而言，跨学科教学是教师能力发展的舞台，是教师专业成长的沃土，也有利于更新教师的教学观念，转变教学方式，实现自我突破与发展。

第二节　小学科学教师跨学科教学素养的内涵

一、素养的概念界说

（一）“素”“养”的本意发展

“素养”一词由中国人创造并保有，是对人的内在品质（诸如精神风貌、气质修养、学识能力等）进行综合性描摹的标准，伴随着时空的流转已然孕育出独树一帜的中华文化气息。由此可见，对“素养”一词的解释从古至今蕴藏着丰富的人文内涵。“素”的原意是指未经漂染的、白色的丝，《说文解字》注为“白致增也”，《释名·释彩帛》译为“素，朴素也，已织则供用，不复加功饰也”，《广雅·释话》注为“素，本也”。可见，古人在谈及事物的本质、属性以及不加修饰、纯朴的性格时皆以“素”表示。“素”代表着生命的本色，是生命中所具备的潜能，即使是一匹白色的丝织品，都似乎在传达其原生的本色特质，留给人无限的想象空间。“养”字从甲骨文时期就表示人手持鞭子放牧羊群，后引申为喂食、饲育动物。《说文解字》注为“养，供养也。从食，羊声”。于是“养”字有了赡养、供养、抚养的意思。随着时间的推移，“养”增加了照看、养护等义项，随后又发展为涵养、修养、学养等内涵。从“养”字内涵的变迁可以看出，自最初原始的、简单的放养牲畜到养育儿女、赡养老人，最后扩展到人的涵养、素养这一深层内涵，“养”字的变迁暗藏着一段生命历程，且这段历程具有持久性、关照性。

（二）素养的内涵发展

“素”“养”两字最早连用虽没有明确的记载，但在已保存的《汉书·李寻传》中出现了“素养”一词，“马不伏枥，不可以趋道；士不素养，不可以重国。”北宋诗人陆游在《上殿札子》中写到“气不素养，临事惶速。”这两处“素养”都做“修习涵养”之意。由此可知，中国自古就非常看重人的素养，而且素养一词具有强烈的感情色彩，是经由后天修习而获得或培养的。在《现代汉语词典》或《现代汉语规范词典》中素养都被解释为平素的修养，在《辞海》中意为一贯的修养或是由实践和训练而获得的技巧和能力。那具体什么是素养呢？其实，以上关于“素养”的解释都只概括了素养的部分特征，是人们在生活实践过程中一词多义的解释。由于素养概念的模糊性，人们会根据需要在使用“素养”一词时作出一定的限制，比如道德素养、教学素养、学习素养、核心素养等。

有学者认为素养对应的英文单词为 literacy，《牛津高阶英汉双语词典》将其解释为“基本的读写能力或者技巧”。随着社会发展，它的内涵早已不再局限为读写能力。20 世纪 90 年代，随着经济发展与科技进步，素养的内涵与时俱进，被认为是个体为适应社会发展所需具备的各种能力，例如个体在社会发展中获取资料以维持自身生存发展的能力。进入21世纪，“素养”研究因经济合作与发展组织（OECD）倡导的国际学生评价项目（Program for International Students Assessment，简称PISA）而逐渐升温。PISA指出，素养是学生运用所学知识和技能，有效地进行分析、推理、交流，在主要学科领域以及各种情境中提出、解决和解释问题的能力。由此可知，“素养”一词具有鲜明的时代特征，是伴随社会发展而不断生成、发展的动态概念。

（三）素养与素质的辨析

“素养”一词是文中基础概念，然而笔者在查阅文献时发现“素养”和“素质”这两个耳熟能详的概念经常混用。“素质”一词在《现代汉语规范词典》中有四种含义：一是人生理上的先天特点；二是素养；三是事物本来的性质、特点；四是指人的品质、情感、知识、能力等。由于“素质”也被解释为素养，而且人们习惯性地将素养看做素质与修养的统称，因此经常将素质与素养混用。当前已有不少学者们对这两个概念进行了辨析，主要呈现出三种观点——“等同说”“整体部分说”“狭义广义说”，具体如下。

（1）等同说：将素养和素质等同，认为这两个概念并没有本质上的差别，都是指在先天生理的基础上通过日积月累形成的相对稳定的内在特质或者基本品质。

（2）整体部分说：一是将素养看作是素质的重要组成部分——有学者认为素质其实涵盖了身体、心理个性和社会文化三个层面所指代的体质、品质和素养，素质是素养的上位概念。二是认为素养包涵并超越了素质——有学者认为素质侧重于行为与技能，是一种受大脑控制的智能与思想意识；而素养则侧重于精神层面，是一种受灵魂的支配的心灵，直接指向生命。因此素养相比于素质更具有时代人文精神意义，无论在内涵还是外延上都比单一的素质更丰富、更宽泛。

（3）狭义广义说：从广义的语义学角度上来看，素养与素质具有重合的概念解说，都可以用来形容人内在的、稳定的品质或者特质；从狭义的教育视角出发，素质一词与我国素质教育的实施密切相关，其内涵演变经历了从生理概念到心理概念最后扩展到兼具社会文化内涵的过程，而素养一词则与核心素养的研究密不可分，对于素养概念的价值意蕴应当将其放到具体的教育实践中去理解。其实，无论持何种观点，都应该清醒地认识到探究素质与素养内在涵义与逻辑关联十分重要。

笔者赞同“狭义广义说”这一观点，从教育学视角出发，在目标之维上，人的素质与素养都是以促进人的全面发展为宗旨。在过程之维上，人的素质更多地受到身心发展与社会发展的制约，需要在实践过程中实现由自然性向社会性的转变，逐渐促进智力发展、健全人格；而人的素养则体现在与特定情境的互动过程中，例如在个人生活、职业生活以及社会生活等不同的情境中，素养的体现需要根据具体情境中不同的需求做出行动和反应。笔者选取“素养”一词而非“素质”，原因在于这两个词的适用对象具有较为明显的选择性，在论及教师的德才结构或是身心状态时，使用“素养”一词已成为一种表达定势。素养，是在后天实践中逐步生成和发展，是一种将认知与情感、态度价值观融为一体的更高级的、更具统合性和适应性的心智能力，素养的获得在时间上是持久性的，是一个终身学习的不断发展的过程。

二、教师素养内涵的界定

教师是教育教学活动的组织者和实施者，是影响教育教学成效高低的核心因素。提升教师素养是提高教育质量的先决条件，也是促进世界各国教育事业蓬勃发展的重要因素。由于教师素养在教育教学中占据着重要分量，对教师素养概念的研究也随之增多，而且对其内涵的界定也是多种多样。以下，笔者将从时间刻度上阐述从古至今学者们对教师素养的认识。

（一）教师素养内涵的历史萌芽

关于教师素养的内涵研究由来已久。早在春秋末期我国古代著名教育家孔子就提出“学而不厌，诲人不倦”，即教师需要通过勤奋学习获取知识并孜孜不倦地教诲学生。这里蕴含着朴素的教师素养哲理，一方面可以理解为教师需要具备渊博的知识与负责的态度，另一方面可以理解为教师需要具备终身学习的意识与教书育人的能力。世界上最早专门论述教育和教学问题的论著《学记》中，教师素养主要体现在以下三个方面："故师也者，所以学为君也"——政治素质和道德觉悟；"记问之学，不足以为人师"——知识结构；"其言也，约而达，微而感，罕譬而喻"——教学能力。另外，韩愈在《师说》一文中对教师的职责进行了论述，教师"传道、授业、解惑"的前提条件是渊博的知识基础。由此可知，我国古代学者关于教师素养的朴素认识主要集中在知识、道德与能力三方面——知识上强调学识的渊博，道德上注重师者的觉悟，能力上凸出技能的娴熟，这基本与现代对教师所应具备的专业素养相吻合。

（二）教师素养内涵的现代发展

随着时代的进步，加上研究出发点的不同以及前文中提及关于"素质"与"素养"的内涵尚未明晰，国内学界关于教师素养的内涵界定仍未形成定论。研究者们使用的术语也各有不同，包括教师素养、教师素质、教师专业素养等，虽然在字面形式上有细微差别，但通过比对发现，其内涵大体相同。在此笔者统一对其进行归纳，关于教师素养内涵的代表性研究大致有以下四种：一是"条件说"，持这一观点的学者是把教师作为一门专门的职业，从职业应具备的资格条件出发，界定教师素养。例如，顾明远在《教育大辞典》认为教师素养是一种基本条件，是完成教育教学任务的基础，是教师应具备良好的心理和行为品质。二是"集合说"，持这一观点的学者强调教师素养是作为一种结构形态存在的，教育部师范教育司采用了学者郑燕祥的观点，认为教师素养是教师拥有的能够带入教学情境中加以运用的知识、能力和信念的集合，这一集合的形成不仅需要教师具备优良的先存特性这一基础条件，而且需要经过长时间正确且严格的教师教育才能获得，突出了教师素养形成的过程性。三是"品质说"，林崇德、辛涛等人通过实证研究，对教师素质的内涵与结构进行了科学的剖析，将其看作是教师在教育教学活动中表现出来的心理品质的总和，这种心理品质不仅对教育教学效果起着决定作用，而且直接且显著地影响着学生身心发展。四是“能力说”，有学者在综合前人观点的基础上，结合当前教育现状和教育职能，提出教师素养其实是一种能够把影响学生身心发展的各种素养结合在一起的能力，这种能力是作为一名老师的基本要求。以上关于教师素养的界定，简而言之，就是指所有能够产生良好教育效果并与教师相关的特征。

（三）教师素养内涵的阐释

以上关于教师素养内涵的研究成果看似颇丰，但究其本质，大致是一样的。无论是“条件说”“集合说”还是“品质说”“能力说”，都是对教师的心理品质或者专业能力两方面的总结概括，此后学者关于“教师素养”的内涵研究大多也都是在发展延续此观点的基础上结合某一学科教师的专业特殊性加以陈述。虽然，笔者在总结归纳“教师素养”内涵时将教师素质、教师专业素养与教师素养混用，但是在此仍需进行简短辨析。

（1）教师素养与教师素质：前文笔者阐述了选取“素养”而非“素质”一词的原因，即在论及教师这一适用对象时，使用“素养”似乎成为表达定势。同理，这是笔者选取“教师素养”的原因之一。除此之外，本书以“教师素养”替代“教师素质”，主要是由于在论述“素”“养”二字的本意发展时，提到“素”代表着生命的本色，“养”字暗藏着一段持久的生命历程。因此，使用“教师素养”一词，着重强调了教师通过日常的教学实践、教学反思以及教师教育等活动中实现由“静态”向“动态”转变的教师素养观，以养成的、持久的目标关照教师自身在理论知识以及实践研究等方面的达成。这个过程倾注着教师的心血，甚至需要教师用整个的教学生涯灌溉，不仅是对自己生命历程的锤炼，也是使学生绽放生命之花的过程。

（2）教师素养与教师专业素养：首先，“教师素养”与“教师专业素养”的区别显著地体现在“专业”二字上。教师专业素养的内涵强调把教师职业作为一种“专业”，各行各业都有所需的专业素养，而教师专业素养则是经过系统的、稳固的学习培训，并在长期的教育教学实践活动中逐渐养成的具有专门性、不可替代性和指向性的素养。相比于教师素养，教师专业素养更凸显出教师职业的标志性与特殊性。其次，教师素养与教师专业素养之间是一种螺旋上升的结构，而非简单的包含关系，教师素养作为一种基础性素养，不仅包括教师作为公民的基本品质而且涵盖教师专业知识与技能，它的发展总是影响着教师专业素养的发展。笔者认为只有教师具备基础性素养之后，再强调教师的专业素养，才能循序渐进地促进教学质量的提高。

三、教学素养内涵的界定

（一）教学素养的研究概况

教学素养是教师必备的基本素养，科学地诠释教学素养的内涵，不仅可以准确把握教学素养的本质，而且可以有效促进教师提高自身教学素养。通过整理分析相关文献，笔者发现关于教学素养的研究在2012年前一直处于低谷期，2012年达到研究高峰期，截至2019年，研究数量一直呈徘徊上升趋势。究其原因，为构建教师专业标准体系，提高教师专业标准，2012年教育部出台了关于印发《幼儿园教师专业标准（试行）》《小学教师专业标准（试行）》和《中学教师专业标准（试行）》的通知（以下简称《专业标准》），从“专业理念与师德”“专业知识”“专业能力”三方面对教师的专业发展做出相关规定。基于此，不少研究者将《专业标准》与教师教学素养相结合进行探讨，这也反映出学界对国家相关政策、意见回应的积极性，体现了教育研究与时俱进的积极姿态。

随后，2014年教育部在《关于全面深化课程改革落实立德树人根本任务的意见》中首次明确提出，要研究制订学生发展核心素养体系和学业质量标准。学生发展核心素养重在培养，而如何培养学生发展核心素养的关键在于教师，教师是促进学生核心素养发展的重要转化者。因此，有学者依据《专业标准》以及学生发展核心素养的内涵，多方面地分析了核心素养视角下教师应具备的独特的专业特质结构，其中就包括教学素养。教学素养作为教育专业和教师职业的核心基础，既然要培养学生的核心素养，必然要求教师具备良好的、育人的教学素养。教师发展教学素养不仅能更好地实现育人目标，而且也能够使教师更好地适应社会发展进程中对教师职业的要求，实现教师行业的健康、可持续发展。

（二）教学素养的内涵研究

关于教学素养的内涵目前仍未达成统一的界定，通过梳理已有文献发现，其内涵界定可概括如下：一是从教学能力的角度出发，认为教学素养是指在课堂教学中，教师根据已有的教学目标，准确而又科学地实施教学所表现出来的能力，主要包括设计教学、实施教学、组织活动、应对生成性与解决即时性问题等方面的能力，这是成为一名合格的教师应具备的业务水平和才智技能。二是从职业素养的角度出来，将教学素养看作是教师从事教育教学工作以来，逐步形成的专业化的认识以及作为一名教育工作者所应具有的各种知识在自身内化而成的修养和品质。三是从教学素养的构成要素出发，认为教学素养是教师确证伦理身份、实现教育理想、完成课程价值所托付的基础性品质与能力结构，完整的教学素养包括深层次的教学思想意识储备以及外显的教学实践技巧与能力。四是从广义狭义角度出发，认为广义的教学素养包括了教师在后天学习和实践中获得的教育学生时所必须具备的全部素养，例如学科素养、知识素养、评价素养、科学素养、礼仪素养等；而狭义的教学素养一般贯穿于某个具体的教学活动并且直接影响教学效果，包括学科内容、教学法知识和技术知识。除此之外，也有学者认为教学素养是教师专业化发展所必须具备的素质与修养，尽管关于教学素养的表述有很多，但其核心内容仍然是教师所具备的态度、知识与技能。因此，教学素养是在动态的教学实践与学习过程中形成的教学情意、教学知识、教学思想与教学能力。综上所述，对教学素养内涵的研究虽有差异，但从本质上来说，就是解决教师在教学过程中“怎么教”所需要的素养，基本上都将教学素养定义为心理品质，涵盖理念、知识、态度与能力等方面，认可教学素养的动态养成性。基于对“教学素养内涵的研究”的分析，笔者选取崔振成副教授在《教育知识觉悟下教师教学素养发展智慧》一文中关于“教学素养”的界定，即教学素养是确证教师伦理身份、落实教育抱负、实现课程价值托付的基础性品质与能力结构。

（三）教学素养与教师素养的关联

通过对教学素养和教师素养的分析与界定，本书主要从五个层面总结归纳教学素养与教师素养的联系：第一，从主体上来看，无论是教师素养还是教学素养，都是附着于教师这一具有鲜明职业特征的主体身上的素养，离开了教师，教师素养、教学素养都将无从谈起。第二，从形成上来看，教学素养和教师素养都具有动态养成性。两者的发展趋势都是动态运动的，不是一成不变的，都需要教师经过漫长的教学过程不断进行总结、升华，离开了这一漫长的过程，就无法理解教师在特定情境中产生的意义。第三，从内涵上来看，虽然教学素养与教师素养都未形成统一的界定，但通过分析关于两者内涵的学说，可以得出教学素养与教师素养都存在于教育教学领域并为教育教学服务，且无论是教学素养还是教师素养，都蕴含着教师的品质与能力，在实质上相互关联。第四，从构成上来看，关于教师素养与教学素养的构成要素虽有不同的划分方法，但总的来说，基本可以从知识、能力和情意三方面加以概括。本章节并未具体论述，详细分析可见下一章节中关于教师素养与教学素养的构成要素分析。第五，从影响上来看，教师素养和教学素养都会对教师自身和学生身心发展产生重要影响，具备良好的教师素养或教学素养不仅是促进教师专业发展的核心因素之一，而且有利于促进学生身心发展。

除了上述的关联以外，教学素养与教师素养也有区别，主要体现在以下两方面：一方面，从起源来看，关于教师素养的研究由来已久，我国古代教育家的思想中就已蕴藏着简单朴素的教师素养观念；而关于教学素养的研究在 2012 年前一直处于低谷期，其研究热潮与核心素养的提出密切相关。另一方面，从内涵来看，教师素养归根结底是指所有能够产生良好教育效果并与教师相关的特征，而教学素养追根溯源是关于教师如何教的素养，由此可见，教学素养相比于教师素养更为具体，教师素养包含教学素养，教学素养其实是教师素养中的一部分。

四、小学科学教师跨学科教学素养的内涵

（一）小学科学教师跨学科教学素养内涵的澄明

目前关于小学科学教师跨学科教学素养的研究极少，更没有明确的内涵界定。通过前文对“素养”“教师素养”“教学素养”的内涵阐明以及总结的关于“跨学科教学”的定义，本书中将跨学科教学素养的内涵概括为：教师在学科教学中，以一个学科为中心，在这个学科中确定一个综合性问题，围绕这个复杂问题进行加工和设计教学，促使具有内在联系的两门或两门以上的学科产生互动，为学生提供多学科的视角和思维来思考问题，并引导学生在问题情境中综合运用知识解决问题所需具备的品质与能力。具体到小学阶段，科学教师的跨学科教学素养，结合前文“从小学科学教学透视跨学科教学的范围”，可以明确小学科学教师跨学科教学素养即是在小学科学教学中，教师以科学课程为中心，选取一个综合性问题而非单一学科的问题，围绕这个复杂问题进行加工与设计教学，促使小学科学与具有内在联系的小学语文、英语、数学、音乐与美术以及综合实践活动其中一门或者以上的学科产生互动，为小学生提供多学科的思维和视角来思考问题，并引导学生在问题情境中综合运用以上学科的知识解决问题所具有的品质与能力。小学科学教师的跨学科教学素养是在教育教学活动中通过学习与反思有意识地培养的，并且随着时间的推移与教学经验的累积不断生成的，这个过程不仅受外在标准与条件的规范，更多地需要教师依靠自身的教学反思对实践问题做出有价值的判断与个性化的理解，而后不断建构而成。对于小学科学教师跨学科教学素养内涵的解释如下：

第一，跨学科教学素养是小学科学教育发展对教师素养提出的新要求。长期以来，学者对教师素养的研究大多是针对单科教学的教师而言，近来随着培养小学全科教师的呼声越来越高，也有少部分研究者提出全科教师素养并尝试对其进行论述。可见，教师素养也是随着教育发展潮流不断更新、完善的。那么，跨学科教学素养的提出则是跨学科教学兴起与发展的必然要求。

虽然跨学科教学不能替代分科教学，但是在小学科学教育中，学生跨学科学习与教师跨学科教学已成为必然趋势。因此，小学科学教师必须具有一定的跨学科教学素养，这不仅是为了适应《义务教育小学科学课程标准（2017 年版）》提出的新要求，也是小学教师专业发展的重要转折点。对小学科学教师跨学科教学素养的研究不只是进一步将教师素养、教学素养的各方面要素在"量"上具体化，也是在结构与质量上对其进行建构与重组。

第二，跨学科教学素养是小学科学教师自我反思与自我个性发展的彰显。小学科学教师跨学科教学素养的形成并不只是教师职业资格的规范，也是教师提升自我的重要途径。一味用"资格"只会给教师带来束缚，局限教师发展，用资格的"模板"对教师进行统一要求，是对教师多彩文化身份的格式化与否定。跨学科教学素养是教师在实施真正的跨学科教学后自我生成、自我积累的品质与能力，具有独特的个性化色彩。如若教师只是进行了形式上的跨学科教学，则会造成前文中提及的"跨学科教学实践的落差"，不仅会加重教师负担而且对学生而言收获颇少。所以，跨学科教学素养形成的前提之一便是教师必须进行实质的跨学科教学。实质的跨学科教学蕴含着每位教师不同的教育智慧，无论是综合性问题的选取与加工，还是跨学科教学范围的确定，各个教师都有着不同的想法，不是千篇一律的、空洞的教学设计。因此，在这个过程中，教师能够通过不断的教育教学实践积累经验，并在自我反思与总结中走向个性化，不断提升自身独特的跨学科教学素养，促进多姿多彩的教师专业发展。

（二）小学科学教师跨学科教学素养的特征

跨学科教学素养的培养与发展势在必行，清楚地了解其特征方能更好地丰富教师的素养，彰显教师的魅力。已有对教师素养或者教学素养特征的研究主要集中在动态性、综合性、过程性等方面，这在一定程度上也体现了跨学科教学素养的特征。但是，却鲜有学者对跨学科教学素养的特征进行详细论述。因此，笔者将结合小学科学教学的独特性，对跨学科教学素养的特征进行如下阐述：

其一，动态性。从前文“素养”“教师素养”“教学素养”的内涵分析可知，三者均强调后天形成，注重动态发展，跨学科教学素养当然也不例外。跨学科教学素养是在跨学科教学过程中形成并发展的，不是一蹴而就的，教师需要通过教学实践与自我反思、自我总结逐渐更新并完善其结构内容。从最初跨学科教学素养的匮乏到逐渐充实丰富，这个过程并不是可有可无的，其存在的意义就在于这是教师教育与教师专业发展必不可少的阶段。正是因为跨学科教学素养的动态性，才能使教师在教学生涯中有持续不断的目标与追求，才能使教师在达成阶段目标后获得成就感与幸福感，才能使教师在课堂教学中充分运用教育智慧、散发教育魅力。因此，要想提高教师的跨学科教学素养，就应该准确把握教师跨学科教学素养的动态性，注重其过程属性，充分发挥教师的创造性与自主性，不断丰富教师教育经验与智慧。以发展教师跨学科教学素养为目标，以跨学科教学为路径，不断更新并发展符合社会需要的教师跨学科教学素养内涵与结构，切实提高教师跨学科教学素养的发展水平。

其二，复杂性。由上文可知，教学素养追根溯源是关于教师如何教的素养。既然如此，跨学科教学素养可以简单地总结为教师在跨学科教学中的素养，是关于教师如何跨学科教学的素养。显然，跨学科教学素养与教学素养字面上的显著区别是“跨学科”。相比与分科教学，跨学科教学本身就具有一定的复杂性。对教师而言，进行跨学科的教学设计与教学实施具有一定的挑战；对学生而言，综合运用多学科的知识和跨学科的视角解决问题也具有一定的难度。而实质的跨学科教学却是教师跨学科教学素养形成的前提条件之一，因此通过跨学科教学培养与发展教师的跨学科教学素养具有一定的复杂性。除此之外，小学科学教师的跨学科教学素养不只是进一步将教师素养、教学素养的各方面要素在“量”上具体化，也是在结构与质量上对其进行建构与重组。这个建构与重组的过程是跨学科教学素养形成的关键，凝聚着教师的心血，是教师长期以来教学劳动的智慧结晶，蕴藏着生命历程，因此跨学科教学素养具有一定的复杂性，不是简单、单调的。

其三，个性化。目前关于教师素养的研究对象大多是分科教学教师，而小学分科教师的素养具有较强的预设性和给定性，是由外在的社会要求和教师职业标准所决定的。这种统一的标准会造成教师自身发展空间的狭窄，使教师各方面的发展趋于同一，格式化了教师作为独立个体的独特性与多样性。跨学科教学赋予了教师一定的选择权，教师能够通过确定不同的综合性问题和多种组合方式的跨学科范围，从而生成灵活多样的跨学科教学设计，并在跨学科教学的过程中培养跨学科教学素养。此素养的形成不可能脱离教师独特的智力因素、教学经验、个人兴趣等，因此在满足基本要求的基础上，跨学科教学素养具有一定的自主性与个性化色彩，是教师追求自我发展的重要体现。从这一意义上来说，跨学科教学素养与教师的个体发展诉求密切相关。教师应在此过程中彰显独特的教师魅力与教育智慧，促成个性化跨学科教学素养的发展。以此在横向上丰富教师的素养，在纵向上体验具有生成性与创造性的教学生涯。

其四，终身性。无论是素养、教师素养、教学素养还是跨学科教学素养，形成的动态性就已决定了自身具备的终身性，也可以称作长期性。就跨学科教学素养而言，其终身性主要体现在以下三方面。首先，从其形成时间来看，跨学科教学素养的养成并不是一朝一夕的短期行为，而是一个长期的持续不断的动态发展历程。在这个过程中，跨学科教学素养的成长具有阶段性，或许一直稳步提升，或许出现瓶颈期，总之需要教师不断总结经验方能提升发展。其次，从其形成途径来看，跨学科教学素养虽是适应课程改革的需求，但也是基于教师个人的自主选择与价值追求，教师如果想要促进跨学科教学素养的发展，必须树立终身学习的观念，通过持续的培训与学习充实自我，这是该素养形成的必然途径之一。最后，从其形成影响来看，教师的跨学科教学素养在课堂教学中虽然“看得见”，但却“摸不着”，通过课堂观察与分析或许能够得出教师拥有跨学科教学素养的良好影响，但是对学生而言，这个影响却不是立竿见影的，它具有一定的滞后性，会对学生发展产生深远的、旷日持久的影响。

第三节　小学科学教师跨学科教学素养的生成路径

一、回归主体，丰富跨学科教学素养的生成内涵

（一）增强不同学科认同感，厚植跨学科情意

首先，作为一名教师，只有热爱教育事业、热爱教学工作，对教师这份职业产生较为深厚的感情，才能激情饱满地站在讲台上，用高昂的声音、共情的言语、鼓舞的姿态去打动学生。因为教学过程也是情感传递的过程，教师和学生的情感状态不仅影响着教学进程，也影响着教学质量。只有对教育事业具有深厚的情意，教师才会深入研究学生和教材，融入课堂教学，努力上好每一节课。其次，作为一名科学教师，在热爱教学的基础上要热爱科学这门学科，并将培养科学素养、弘扬科学精神、传播科学知识、探究科学真理作为自己毕生的追求，增强对科学学科的认同感。

学科认同感可以促使教师树立自信心，感受并体验学科知识的优越性，改变科学学科边缘化的现状。教师的学科认同感越强烈，越能深入挖掘科学学科的价值，培养独特的教学风格，体现一定的教学特色，激发学生对科学学习的兴趣。教师的学科认同感并不等于否认其他学科存在的意义。只有加深对所教学科的认同感，才能更好地认识其他学科、了解其他学科，正确看待学科之间的差异，形成开放包容的态度，促进多学科融合价值观的形成。换言之，学科认同感是认同不同学科的基础，对其他学科的认同感深化着本学科的认同感，这两者并不矛盾。教师跨学科教学素养的形成正是建立在对其他学科认同的基础上，否则跨学科教学将无法进行，跨学科教学素养更将无从谈起。

科学教师在认同本学科的基础上，主动了解并接纳其他学科，增强不同学科的认同感，明确不同学科的价值与意义，增强学科之间的互补性，注重

学科间的融会贯通，有利于科学教师更好地把握其他学科与科学学科的内在联系，加强科学学科与其他学科之间的互动，跨学科教学由此产生。在持续认同的过程中，教师不仅会加深对本学科的情意，也会慢慢培养对其他学科的情意，由此推动着跨学科教学的实施。因此，科学教师需要增强对其他学科的认同感，在这个过程中深入挖掘与科学有内在联系的其他学科的知识，厚植跨学科情意，加强学科互动与交流。

（二）理解跨学科教育意义，树立跨学科理念

首先，从时代背景来看，进入 21 世纪后，人才培养已经向跨学科方向迈进。尤其是随着智能时代的到来，多学科的综合化将成为社会发展的新趋势。跨学科的出现是对传统学科的突破，使得不同学科领域的知识、方法等开放融合，是人类应对未来社会复杂问题的方式之一。这也是联合国教科文组织在“面向 21 世纪教育国际研讨会”上所提倡的观点。

其次，从国家需求来看，众多发达国家为提升国际地位和竞争优势，在教育领域做出了系列改革，旨在培养适应时代需求的创新复合型人才。目前我国正在以综合改革引领教育生态的变革，从教育大国向教育强国转变，其中自然也离不开高层次人才的推动。而培养跨学科人才成为提升教育质量的重要措施，能够为国家发展培养一批扎实的中坚力量。

再次，从基础教育发展来看，2014 年教育部强调在基础教育阶段，加强多学科间的联系，促使学科间相互配合，在最大程度上发挥综合育人功能。而传统的分科教学模式主要优势在于培养某一领域的专业型人才，随着基础教育体系完善与优化，跨学科的教学模式能够引导学生在问题情境中综合运用多学科的知识和视角看待问题，打破了传统意义上习以为常的分科教学界限，帮助师生从固有的思维模式和学科框架中脱离。跨学科教学在一定程度上弥补了分科教学的弊端，两者相互协调并进，不仅适应了基础教育发展需求，而且能够在一定程度上推动基础教育的发展。

最后，从科学学科性质来看，小学科学本就是一门综合性的学科，需要运用不同领域的知识和方法解决出现的问题，因此跨学科显得尤为必要。跨

学科能够丰富教学内容、开拓师生思维，不仅能够为科学教学注入新鲜血液，而且能够推动科学课程实现由内而外的发展，最终实现科学教育的发展。作为一名科学教师，要充分认识到跨学科教育的理论价值与实践意义。如此，才会牢固树立跨学科理念，增强自身跨学科教学意识，并将跨学科教学观念付诸教学实践。由此，科学教师才会提升自身跨学科教学的自觉性，在不断的教学实践与潜移默化的影响下培养跨学科教学素养。

（三）把握学科间横向联系，整合跨学科知识

教师的知识结构是否完善直接影响着学科教学质量。同理，教师的跨学科知识是否丰富也将对跨学科教学质量产生重大影响。科学教师如果想提升跨学科教学素养，在具备基本的教学知识基础上，不仅需要对所任教学科的知识进行较为系统的、理性的把握，还必须增强科学学科知识与其他学科知识的互通性，整合跨学科教学知识，这是跨学科教学真正实施的重要条件。增强不同学科知识的互通性并不是让科学教师成为精通各个学科的专家，这样只会加重教师的负担，使教师疲于应对，难以取得实效。确切地说，增强不同学科知识的互通性是使科学教师在研究本学科教学的基础上，能够更好地把握科学学科和其他相关学科之间横向的、内在的联系，积累不同学科中的知识、概念与方法等。这种多学科的知识储备是提升跨学科教学素养的重要基础，能够避免因为教学知识的单一性而局限教学思维和教学创新，阻碍创新型人才的培养。

多学科的知识储备建立在把握学科间横向联系的基础之上。因为较好地探究并把握学科间的横向联系，能够使不同学科的知识具有可交流性与可沟通性，从源头上优化教师的跨学科知识结构，在一定程度上促使知识的迁移与运用。在不断迁移、运用其他学科知识的过程中，教师能够围绕跨学科教学的需要对知识进行重组，从而使跨学科教学逐渐走向成熟。这种知识的重组并不是表面上的，而是经过理性的思考与反复的确认真正深入到其他学科内部，把握住科学学科与其他学科间内在的、深层的联系，在一定程度上实现新知识的整合与积累，从而实现运用多种学科知识、概念、方法或视角解

决相同的问题。在问题解决的过程中，进一步检验跨学科知识的可行性。对教师而言，把握学科间的横向联系、促进多学科知识迁移转化的过程，也是教师丰富自身跨学科知识、提升跨学科教学素养的过程；对学生而言，从跨学科中找到灵感，能够借用多学科的知识、方法或视角解决真实情境中的问题的过程，也是转变自身思维方式、习得跨学科学习知识和方法的重要途径。

（四）加强跨学科教学实践，提升跨学科能力

教师拥有一定的跨学科教学情意、树立了跨学科教学理念，也掌握了跨学科教学知识，但是在跨学科教学实践的过程中仍然力不从心，在很大程度上便是跨学科能力缺失造成的。作为一名科学教师，如何提升跨学科能力呢？最好的回答便是加强跨学科教学实践，在实践中提升自身能力。小学科学教师的跨学科能力是内化教师跨学科知识、促进教师跨学科行为的核心环节。教师只有加强跨学科的实际操作能力，才能更好地将跨学科理论知识与跨学科教学实践相结合，在广阔的实践天地中进一步发现问题并解决问题。

当前，我国小学科学教师绝大多数都是采用分科课程培养出来的，其跨学科教学素养甚至没有萌芽。因此，发展科学教师的跨学科教学素养不仅是时代发展赋予科学教师的新任务，也是课程改革对科学教师的新要求，更是科学教师对自身发展的新挑战。科学教师要不畏挑战、直面应对，这是时代进步、教育发展无法回避的环节。基于此，教师需要自觉、主动、积极、热情地投入科学课程的跨学科教学实践中去，在一次次的实践中确认教师学习者、合作者、行动者、反思者的身份，为发展跨学科教学素养提供内在动力，促使教师加快充实跨学科教学素养的步伐。

莱芙等人指出："学习即实践参与"。教师参与跨学科教学实践的过程，也是教师自我学习的过程。教师是在课堂教学中成长起来的，只有经过多次跨学科教学实践的磨炼，教师才能在一次又一次的实践中从稚嫩走向成熟。在跨学科教学实践的沃土上，教师可以尽情地浇灌跨学科情意、理念、知识与能力。除了课堂教学实践之外，科学教师不仅可以通过参加多样的科学研讨会、科技论坛、科技节或是指导学生参加科技活动或大赛的方式开拓学科

视野，还可以走出课堂、跨出校园、迈向社区、社会这个更大的环境中，挖掘自然资源和社会资源，不断进行研究性学习。如此，科学教师便能够在丰富的实践阅历中分析自身跨学科教学素养存在的不足，继续保持并发扬跨学科教学素养的优势，在完善跨学科教学素养的过程中促进自身专业发展。

二、深入实践，创新跨学科教学素养的生成方式

（一）重视科学教育，了解科学学科新动态

作为一名科学教师，只有重视科学教育，才会认真领悟《义务教育小学科学课程标准（2017 年版）》的要求，不断了解和学习科学学科的发展走向，关注科学学科教学中的最新动态。作为一名科学教师，只有重视科学教育，才会立足于科学教育发展的前沿，落实课程标准的要求，乐于将学习到的理论知识与学生分享交流。作为一名科学教师，只有重视科学教育，才会深入挖掘科学教材的隐性资源，积极开展跨学科教学活动。反之，如果科学教师并不重视科学教育，不仅会降低自身对科学学科的认同感，久而久之，容易造成科学学科边缘化的局面。如今，教师已不仅仅限于教授书本上的知识。书本上的知识固然重要，但这只是作为一名教师最为基本的教学任务。除此之外，科学教师需要清楚了解科学学科的发展走向，熟练掌握科学学科的教学动态，以此更新自身的教学方式，在传授科学知识的过程中促进学生的全面发展，开拓学生的创新型思维。

首先，科学教师需要清楚科学学科的发展动态。教师不仅要了解科学学科发展至今的历史，还要把握科学学科的走向，将其内化为自身的思想与认识，才能更好地在教学中向学生传达新知识、新理念。当前，我国科学教育发展的必然趋势是从分科走向综合。科学教师在清楚该发展趋势的状况下，有利于转变自身教学方式，进行教学创新，将跨学科教学这一全新的教学方式运用于课堂之中，拓宽教学思路，促使学生运用综合性的知识和方法解决实际问题。

其次，科学教师要熟练掌握科学学科的教学动态。教师不能只局限于自

己每天的教学安排，而是要走出书本和课堂，了解自身教学实践以外的教学动态。除了科学教材外，教师可以通过翻阅科学教学参考资料、订阅相应的科学期刊、网络搜索与科学教学相关的学术论文、与其他科学教师交流、借鉴国外教学经验等方式，了解科学教学中的实验课题，清楚科学教学取得的成果，明确科学教学中的不足，学习优秀教师的宝贵经验，从而更新教学观念，敢于在科学教学中尝试跨学科教学的方式，提升跨学科教学质量。

（二）创设交流平台，构建教师学习共同体

教师学习共同体作为一种组织形式，是促进教师专业成长的重要途径。教师学习共同体的基本内涵就其字面含义便可得出，即具有共同学习意愿的教师组成的团体。这个团体以提升教师的专业化水平、改进教学实践为目标，以互相合作、共同探究为途径，使得教师之间互惠共生，在良好的环境下打破时空的限制，通过邮件、视频等多种方式交流分享各种教学资源和问题。在广泛地交流中，各种教学思想会产生激烈的碰撞，由此激发出新的教学观点，进一步改善教学活动。而在跨学科教学中，科学教师不仅需要把握学科之间的横向联系，还要精心选择适合跨学科教学的课程内容，这都离不开科学教师与其他学科教师的沟通与交流。因此，在教学实践中构建教师学习共同体，能为教师协作创设自由、宽松的氛围，搭建开放、良好的沟通平台，教师群体之间可以探讨教学理论知识、交流教学实践经验、倾诉教学问题困惑等，在互相的交流探讨中促进教师专业发展。

针对科学教师而言，在具体的跨学科教学实践中肯定会遇到各种各样的问题，通过积极组织并参与教师学习共同体，科学教师能够从其他教师成员中获得帮助与支持，借助集体智慧帮助自己解决疑难问题，并能将习得的教学知识或方法内化为自身的教学智慧，及时运用于跨学科教学实践中。除此之外，在教师学习共同体中，对同一个问题，或许有众多不同的看法，这样便可以从多学科的视角多角度地分析同一个问题，形成较为广泛的思想交融。例如，科学教师在进行跨学科教学内容选取与设计时，可以与教师学习共同体中的教师不断沟通、交流，梳理科学学科中涉及运用跨学科教学的知识点，

并分主题地对这些知识点进行汇总。完成之后，不仅可以与其他科学学科教师分享互换、查漏补缺，而且能够通过语文、数学、英语、美术等其他学科教师的教学视角进行分析，打破学科壁垒，在激烈的学科碰撞中点燃思维的火花。科学教师在总结归纳其他教师观点的基础上，也在不断完善自身跨学科知识，有利于提升跨学科教学实践的水平。

（三）注置教学反思，培养反思性实践能力

反思是教师获得教学实践成就，走向专业自主的重要工具。如果教师不进行教学反思，或许每天的教学实践只是一次又一次重复的教学工作，不会发生任何的改进。那么教师就会止步于当下，停滞不前。相反，经常进行深入的教学反思，可以促使教师在不断地改变中获得教学成就感，激励教师走向自主发展道路。作为一名科学教师，在跨学科教学的过程中，也需要进行教学反思，而且要将教学反思的成果再次运用到跨学科教学实践中进行检验，而后根据实际效果再不断地进行调整，由此在最大程度上发挥教学反思的价值。简明地说，在跨学科教学中，科学教师不仅需要进行深入的教学反思，而且需要培养反思性实践能力，成为一位名副其实的反思性实践者，追求未来卓越教师的品质。教学反思的方式不仅有独立的自我反思还有教师间的群体反思。因此，科学教师在跨学科教学实践的反思中，可以通过多种途径和方式提升自身的反思性实践能力，由此完善跨学科教学素养。就独立的自我反思而言，首先，科学教师可以分析、观看优秀教师跨学科教学的案例或视频加深自己对跨学科教学的认识，通过对比发现自身跨学科教学中存在的不足，而后在后续的跨学科教学实践中逐步改进，提升跨学科教学质量；其次，科学教师可以采用写反思日志的方式，在文本的整理中厘清跨学科教学思路，从跨学科教学目标的确定到跨学科教学内容的选取，再到跨学科教学策略的运用，认真回顾反思每一步中的优缺点，总结跨学科教学经验；再次，教师可以定期制定自主发展的目标和规划，用以检验每个阶段目标的达成情况。就教师间的群体反思而言，教师不仅可以在课后与其他教师进行交流而且还可以邀请经验丰富的教师推门听课，或是通过教师学习共同体达到教学反思

的效果。总之，科学教师进行教学反思的途径是多样的，教师要充分利用好教学反思的方式方法，并能根据自身特点选择适合自身的反思方式，而后将反思成果回馈到教学实践中，在反思中进行升华，提升自身反思性实践能力，成为一名真正的反思性实践者。

三、完善制度，优化跨学科教学素养的生成环境

（一）改善教师培养模式

教师教育是一个终身化的过程，贯穿于教师专业发展的始终，主要包括教师职前培养和职后培训两个主要阶段。通过职前学习，教师可以获得系列的教学理论知识和一定的教育见习经验，帮助教师具备进入教育工作者行业的资格条件。在入职以后，通过长时期的教育教学体验，教师可能会对之前所学的教学理论知识产生怀疑或困惑。这时，教师职后培训就显得尤为重要。通过教师职后培训，可以促使教师批判吸收教学理论知识，并使教学理论知识在教学实践中得到升华。总的来说，教师的职前培养决定着教师理论水平和教师素养的高低，教师的职后培训决定着教师发展的空间与高度。

2001 年，《国务院关于基础教育改革与发展的决定》中强调要完善以现有的师范院校为主体，其他高校共同参与、培养培训相衔接的、开放的教师教育体系。目前，我国科学学科教师的职前职后培养还存在彼此脱节、相互分离的状态。针对这一状况，教育主管部门和教师教育研究者们应该着力构建教师教育职前职后一体化的培养模式，促使科学教师加强职前和职后的沟通，实现教学理论与教学实践的融合。在职前培养中，承担科学课程师资培养的高等院校要面向基础教育课程改革和教学实践的需要，明晰科学教师的培养目标，调整专业培养的课程设置，提供多种类型和方式的培养方案等，因地制宜、灵活多样地促进科学教师的培养，提升职前科学教师的跨学科教学素养。在职后培训中，不仅可以在教育行政部门的统筹下可以分阶段、分批次地对在职教师进行培训，而且各个学校可以根据学校发展的需要和学校内部科学教师的情况，展开跨学科教学的校本培训，灵活高效地促使科学教

师取长补短。总之，构建教师教育职前职后一体化的培养模式，可以促使科学教师将跨学科理论与跨学科实践结合，带领科学教育走出困境。

（二）优化教师评价系统

对于科学教师而言，优化教师评价系统，可以使教师进行积极有意的探索，促进自身专业发展。20 世纪 60 年代美国著名评价专家斯塔弗尔比姆提出“评价最重要的意图不是为了证明，而是为了改进”。具体来说，在对科学教师的跨学科教学实践进行评价时，在评价目的上，要平衡考评与激励，既要对教学中良好行为进行表扬，又要对不足的地方进行批判，使教师评价在教师跨学科教学过程中扮演推动者的角色；在评价方式上，要注重民主与权威的结合，创设良好的交流情境，耐心倾听教师对自己跨学科教学实践思路、目的、内容等方面的阐述，而后有针对性地提出意见和建议；在评价内容上，不仅需要关注教师在跨学科教学中具体的、显性的行为表现，而且要持续观察教师在跨学科教学实践中情感、态度的变化，以及通过学生参与跨学科教学活动的积极性评价教师跨学科教学的有效性；在评价过程中，要充分考虑科学教师的意见，科学教师可以在其他评价者初评后提供自我报告书，说明自己进行跨学科教学对学生思维和个人发展等方面的作用以及自己进行跨学科教学的准备情况，将其作为对教师评价的重要参考。

科学教师进行跨学科教学实践是一项较为艰巨的挑战，敢于尝试迈出跨学科教学的第一步，已经值得称赞。所以在对科学教师跨学科教学进行评价时，要充分体现人文关怀，充分考虑教师自身的特点与情况，促进科学教师自主发展。在评价方式上，可以采用教师成长档案袋的方式，长时期、持续地对教师跨学科教学情况进行追踪。一方面，可以发现跨学科教学中的闪光点，促使科学教师在后续的跨学科教学实践中继续保持；另一方面，可以找到跨学科教学中的不足，找到改进措施加以克服。在评价内容上，有的科学教师虽然跨学科教学理论知识不足，但是在教学实践中能够产生独特的想法，进行教学生成，开拓学生的思维，这也是值得肯定的。或者有的科学教师缺乏其他方面的跨学科教学素养，但是具有强烈的跨学科教学情意，此时便要采用积极的评价方式，促使科学教师在跨学科教学情意的推动下，不断尝试开展跨学科教学活动，以此提升跨学科教学素养。

（三）健全教师奖励制度

健全合理的、科学的教师奖励制度，不仅可以推动教师奋发向上，在一定程度上提升教育教学质量，而且有助于营造尊师重教的良好社会风尚，提升教师的社会地位和职业声望。对于科学教师而言，跨学科教学素养发展不仅依靠教师自身内在动力的推动，学校和教育行政部门实施的奖励制度也是促使科学教师提升跨学科教学素养的重要外在动力，是推动科学教师不断追求卓越的有效方法。这里所说的奖励制度与教师未来晋升密切相关，而且涉及相关学术资源的分配。当前，我国小学科学教师师资队伍还不够壮大，而且科学教师的专业成长道路还比较漫长。因此，对于在科学教学中更新教学理念、转变教学方式，取得一定教学成果的教师，可以在优秀教师评选活动中给予一定的政策倾斜，提供更多的评选机会，促使科学教师深入钻研科学教育，进一步提升教学质量。除此之外，对科学学科教学中表现优异、积极进取的教师，还可以奖励外出参加培训或者出国交流的机会，为教师提供更为广阔的发展平台，使科学教师在更高的平台上汲取更多的理论知识，融到自己的教学实践中。以上提到的奖励制度多是以教师的物质需求为导向，但是我们也不能忽视以教师的精神需求为导向的奖励制度。例如，对于科学教学中表现优异的教师，可以开展经验交流会或是进行口头表扬，使教师意识到教学成就感，增强教师的幸福感，真正调动起教师教学的主动性、积极性和创造性。总之，健全教师奖励制度的主要目的是为了激发教师的教学热情，激活教师的工作状态，找到学科教学中的突破点，促使教师不断进行改革创新，从而提升教学质量。

参考文献

[1] 叶宝生，王灵华. 基于逻辑的小学科学教学设计［M］. 长沙：湖南科学技术出版社，2019：08.

[2] 张奇等. 小学科学教学心理学［M］. 北京：北京教育出版社，2001.

[3] 叶军. 从实践走向研究 基于课堂的小学科学教学思考［M］. 上海：上海交通大学出版社，2018：03.

[4] 陶国忠，袁来军. 小学科学教学评价［M］. 长春：东北师范大学出版社，2005：09.

[5] 蔡海军. 小学科学教学论 试用［M］. 长沙：湖南科学技术出版社，2009：01.

[6] 高翔等. 信息技术视角：小学科学教学前沿探索［M］. 福州：海峡文艺出版社，2019：03.

[7] 王贤主编. 基于小班化的小学科学教学实施与案例研究［M］. 济南：山东人民出版社，2011：04.

[8] 徐敬标. 有效教学：小学科学教学中的问题与对策［M］. 长春：东北师范大学出版社，2007：08.

[9] 林芹. 让思维看得见：思维导图在小学科学教学中的应用［M］. 福州：海峡文艺出版社，2019：03.

[10] 李德强. 小学科学教学变化与展望［M］. 武汉：湖北教育出版社，

2019：07.
[11] 杭州市长寿桥小学编. 基于小学科学教学的 STEM 项目设计 [M]. 杭州：杭州出版社，2021：08.
[12] 蔡其勇. 小学科学探究与教学设计 [M]. 成都：电子科技大学出版社，2005：12.
[13] 宋汉阁. 小学科学课教学指要 [M]. 长春：东北师范大学出版社，2002：11.
[14] 刘东晖. 基于学生认知基础的科学教学：初中、小学科学衔接教学研究 [M]. 宁波：宁波出版社，2013：11.
[15] 新教材实施的教学模式教学策略教学方法研究课题组编. 新课标中小学教学经典案例：初中物理、化学、生物、科学 [M]. 北京：中央民族大学出版社，2004：09.
[16] 王晨光. 义务教育小学科学课程标准：科学概念术语实验 [M]. 北京：北京师范大学出版社，2019：01.